# 骨相匀称法

## 韩式美颜 DIY
## 一天5分钟
## 找回年轻美丽的脸庞

著
-------------------
〔韩〕黄相普

译
-------------------
阿夏桑

模特
-------------------
曾佩佩

河南科学技术出版社

·郑州·

图书在版编目（CIP）数据

骨相匀称法 / (韩) 黄相普著; 阿夏桑译 .—郑州 : 河南科学技术出版社 , 2024.3
ISBN 978-7-5725-1233-9

Ⅰ . ①骨… Ⅱ . ①黄… ②阿… Ⅲ . ①身体形态 – 矫正 Ⅳ . ① G804.4

中国国家版本馆 CIP 数据核字 (2023) 第 102926 号

出版发行：河南科学技术出版社
地　　址：郑州市郑东新区祥盛街 27 号　　邮编：450016
电　　话：（0371）65788629　65788613
网　　址：www.hnstp.cn
责任编辑：李　林
责任校对：崔春娟
整体设计：李小健
责任印制：徐海东
印　　刷：郑州新海岸电脑彩色制印有限公司
经　　销：全国新华书店
开　　本：720mm×1 020mm　1/16　印张：13　字数：199 千字
版　　次：2024 年 3 月第 1 版　2024 年 3 月第 1 次印刷
定　　价：78.00 元

# 前言

　　《找到匀称，脸蛋就漂亮》已经出版五年了，在这五年里，我感受到读者的需求和我当初写这本书时已经发生了很大的变化。

　　五年前，我写《找到匀称，脸蛋就漂亮》是为了满足人们希望脸变得对称从而变美的需求，结合我在治疗年轻女性时的经验，希望能够通过书籍来系统教授一些能使脸部变匀称的运动。现在想起当时的情景依然觉得心潮澎湃——我处在人生中热情和使命感都最高涨的时期，一共写了五本与全身体态矫正相关的书稿。

　　而来到2022年，不仅仅是女性关注面部矫正，越来越多的男性也开始关注这个领域，特别是四五十岁以上的中年男性对此的关注度越来越高，这是我在临床工作时感受到的变化。

　　因此，目前面部矫正疗法的认识范围已经从美容进一步延伸到塑造年轻面容这一抗衰老的领域。不论男女老少，大家普遍都想去尝试和体验这个领域的最新技术和手法，一个独立细分的美容市场正在形成。

　　在现今这个通过互联网在手机和电脑上实时获取全世界最新的且日新月异的关于美的信息的时代，短视频的流行让新资讯、新理念的传播超过我们的想象。

"对于这样的变化，我的初版书也一定能够做出它的贡献"，我怀着自豪的使命感，正在科普和临床的路上全力以赴。

过去的五年对我来说意义深远。五年前，我离开了面部矫正已经得到充分实践的韩国市场，来到了未来美容的核心市场——中国。在五年的实践中，我一直在讲授和传播面部矫正的价值和全身体态矫正管理的重要性，并且致力于开创适合中国人的面部矫正和全身体态矫正业务。

中国人对于面部矫正以及全身体态矫正的关心和独到的理解，也让我收获了许多宝贵的体验。如果说上一本书是从医学角度出发讲解相关的理论，那么我希望这本书通过简单直接的途径，告诉读者如何实施面部矫正，使错位的面部骨骼回到正确位置，实现大脸变小脸、改善脸部皱纹、恢复脸部皮肤弹性以及抗衰老等目标。

正如我在讲课和培训时一直说的，如果说我们的身体是一棵树，脸就像我们身体结出的果实。而使我的生命变得幸福和有价值的，正是帮助人们去打造有生机的面部果实。

大多数现代人的身体都曾出现过各种各样的体态甚至疼痛问题，在不对称的全身骨骼构造中，和脊柱相连的脸部骨骼也一样会错位。如果面部骨骼不能平衡，面部的肌肉就会失去平衡，面部皮肤就会失去生机和弹性，没有光泽，这就是我们经常看到的，很多现代人的面部状态就像不健康的水果。充满朝气的脸庞，脸部的骨骼呈现均衡平整的状态，这就是为什么有的人即使上了年纪也显得年轻。为了让身体结出健康的面部果实，保持健康的体态非常重要。

衷心祝愿这本书的读者能够拥有匀称的脸部、富有生机和弹性的皮肤，以及年轻的面庞，体验并享受幸福而有价值的人生。

*Scott Huang D.C*

2022 年于韩国

## 「找到匀称，脸蛋就漂亮」

这年头应该是大家最热衷拍下自己面部的时候吧？由于社交媒体的普及，分享"自拍照"蔚为流行。更由于自拍杆和智能手机的出现，不管是在咖啡厅还是在餐厅，不需要他人的帮忙，人们就能随心所欲地自拍。

或许是因为如此，经营体态矫正中心的我，每天都深切地感受到，对矫正感兴趣的人也比以往增加了许多。

人们开始意识到照片里自己的面部不对称，并且感到相当烦恼，对于面部矫正的兴趣也急剧增加。甚至外国人（特别是中国人）也对面部不对称的矫正产生了高度兴趣。如今，面部矫正这件事似乎已超越了国界，成为全世界女性所关心的话题。

在看人们的外貌时，我的观点与一般人有许多不同。受职业病的影响，我在初次见到某人的时候，会先观察对方的身体是否歪斜，偶尔可能因此遭到误解。当我从对方的头部看起，接着是肩膀、脊柱、骨盆、腿部线条，最后是脚趾的模样，脑海里就会开始描绘骨骼歪斜状态的全景图。

同时，在看电视上的艺人或知名人物的出众外表时，我也会用与一般人不同的观点来看。令人吃惊的是，面部歪斜或拥有不对称体型的知名艺人，比想象中更多。

就连受到众人喜爱的知名艺人身上，都能发现左右眼大小不一、弯曲的鼻梁、嘴角不对称、面部不对称、左右肩不对称、驼背、骨盆倾斜、一侧髋关节突出、弯曲的腿与脚趾等全身左右不对称的问题。最叫人吃惊的是，在引领韩流的顶尖歌手或演员之中，也有这种情况。

连不吝于投资外貌的艺人们都是如此了，更何况是长时间以来用驼背姿势使用智能手机与电脑、不注重身体的普通人，想必情况一定更严重。事实上，要找到面部、脊柱与骨盆都保持平衡的人很难，就连姿势正确的人也都不常见。

在这种情况下，当我看到有人将照片上传到社交媒体，尽情炫耀自己多漂亮时，就会感到很郁闷。左右眼大小不一、弯曲的鼻梁、歪斜的嘴唇、左右颧骨不对称、下巴线条不对称、弯曲的脖子、肩膀不对称，再加上 O 形腿，在注重全身均衡的我的眼里，这些不对称的体型反而会先映入眼帘。因此，在感到担忧之余，更想尽快将轻松简单的矫正方法告诉大家。

## 是脊柱与骨盆歪斜所造成的？

一旦因为微驼的头前倾姿势造成脊柱弯曲、骨盆歪斜的话，颞下颌关节也会跟着扭曲。因此，造成颞下颌关节不对称的原因，其实就是全身的不对称。要矫正牙齿，才能根本性地摆脱面部不对称的状况。但有时做了正颌手术、牙齿矫正之后，下巴仍然持续歪斜。

我从那些面部歪斜的人们身上发现了共同的症状，即脊柱微驼、左右弯曲，以及骨盆严重歪斜。嘴巴与眼睛不对称越严重的人，他们越会驼背、骨盆也越歪，严重时还会有脊柱侧弯。

甚至我还看到许多人在接受正颌手术与牙齿矫正之后，再度因面部歪斜或下颌不对称导致下颌疼痛复发。不管再怎么矫正下颌，症状都会复发，这是因为扭曲歪斜的脊柱与骨盆构造造成了阻碍，使得作为连接关节的下颌与颜面无法以均衡的状态矫正到其正确的位置上。

## 就算不进行手术也能矫正颞下颌关节？

此书所谈及的，并非那些需要手术、面部严重不对称的案例。若是颞下颌关节的软骨（关节盘）已严重磨损，导致面部严重不对称的状况，就一定要接受手术才行。

不过，对于大部分面部不对称，同时有一字颈、头前倾、驼背、脊柱与骨盆扭曲等全身不对称症状的人，我保证此书所述运动方法能够发挥确实的效果，因为这是已有无数的人体验并证实效果的运动法。不需要进行手术，而是以安全的方法，从脖子到脚跟做全身矫正，根本性地矫正面部不对称，并且防止再度复发。

若在视频网站和搜索引擎上搜寻，会出现许多可自行尝试的矫正颞下颌关节简易运动法。笔者平时也经常向大家倡导针对不同部位的体型矫正运动，以完全正确的姿势习惯管理，快速且正确地矫正扭曲的脊柱、骨盆与颞下颌关节。

有句话说："一个人的脸会说出他的一生。"我每天都在切实地感受这句话。因为歪斜的面部就是小时候对错误姿势习惯不纠正、放任不管导致的（先天性面部畸形例外）。

要是你想对自己的面部与外貌感到有自信，那现在就马上将二郎腿放下，睡觉时避免侧睡，不要单侧背包，不要采取三七步站姿，只要做到这些，面部不对称就不会到太糟的程度。这是我对家人或朋友经常强调的重要建议，即使你可能会觉得不习惯，但我仍希望大家能够相信并且立即去实行。

我希望阅读此书的读者们即使在年老之后，也能过着对自己面部满意的生活。

Scott Huang D.C

2015 年 6 月 于 韩国

# 目录

## 第四章 面部不对称矫正运动 // 115

## 第五章 颞下颌关节功能紊乱矫正运动 // 155

## 第六章 抗老化全身体态矫正运动 // 175

## 结语 // 206

# 脸是身体的果实： 面部不对称与身体不对称

## 什么是面部不对称？

面部不对称是指在面部歪斜的同时引发的眼、鼻、嘴变形不对称症状。其特征在于，颞下颌关节歪斜后，引发下巴疼痛、异常症状，以及其他部位的异常症状。

更进一步来说，如果颞下颌关节的下颌骨部位突出、向一侧歪斜，额骨与其他面颅骨也会跟着歪斜，一侧的眼睛与眉毛下垂、鼻子（鼻梁）弯曲、人中歪向一侧，导致最后整个面部左右不对称，此即为面部不对称（颞下颌关节不对称）。

颅骨分为脑颅骨和面颅骨。脑颅骨是参与围成颅腔的骨，包括颞骨、顶骨、枕骨、额骨等8块骨。

面颅骨是构成面部的骨，包括上颌骨、下颌骨、腭骨、颧骨等15块骨。

### 面部不对称的特征

若是颞下颌关节向一侧歪斜，另一侧颧骨就会凸出来，歪斜侧则会变得像凹陷下去一样。同时，另一侧面部肌肉会变得僵硬，歪斜侧的肌肉则会变得无力并且失去弹性。

### 面部不对称的症状

① 左右眼睛大小不同，一侧眼睛比另一侧大。

② 眉毛的位置与样子不同，一侧眉毛比另一侧高或者较稀。

③ 鼻梁歪向一侧，鼻孔大小不同。

④ 左右颧骨大小不同，一侧颧骨比另一侧突出。

⑤ 一侧的法令纹比较深。

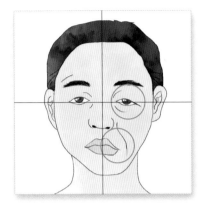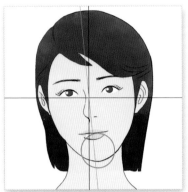

⑥ 贯穿颞下颌关节（下颌）到嘴巴、鼻子、额头的中心线歪向一侧。

⑦ 上下唇中心不一致，上下唇彼此错开。

⑧ 一边嘴角向上，严重时看起来就像嘴巴含着糖果一样。

⑨ 闭上嘴时，会呈现"Z"字形而非圆形。严重时，张嘴时也会呈现"Z"字形，并且下巴会发出"咔咔"声。

⑩ 就像歪着头一般，脖子向一侧倾斜。

## 面部歪斜的问题

任何人都可能因歪斜的面部而感到自卑、失去自信。这不单单只是外观不好看，更严重的问题在于，颞下颌关节不对称会压迫下巴的神经（下颌神经），诱发引起疼痛的颞下颌关节功能紊乱（因关节盘突出压迫下颌神经与下巴，引起三叉神经痛）。我们甚至可以说，人类所能感受到的疼痛之中，最痛苦之一的莫过于颞下颌关节功能紊乱所引起的疼痛了，这种痛苦很难用言语来表达。

有很多人会以驼背（虾形背）的姿势长时间盯着手机与电脑看，使得与颞下颌关节联系紧密的颈骨（颈椎）、脊柱与骨盆很容易弯曲歪斜。最后还会影响全身的体态并造成不对称的体型。

事实上，从稍远处仔细看那些面部歪斜的人的姿势与体型，能够轻易确认他们是头前倾（乌龟颈）、左右肩膀不对称（高低肩）、脊柱侧弯，或是骨盆歪斜引起的走路姿势不均衡（外八字、内八字）。

矫正不对称的面部，不仅是单纯地想让面部变漂亮，将老年时全身的关节健康与均衡体型当成目标，也是相当重要的。

很可惜的是，直到目前还有许多人认为，必须接受削骨手术才能矫正脸形。不过，要是在视频网站和搜索引擎上搜寻，就能轻易发现，在国外公开了无数矫正歪斜面部的非手术性肌肉疗法与全身矫正运动法。因此我希望大家不要放任面部不对称的状况，及时找到解决途径并赶紧摆脱它。

# 为什么面部会歪斜呢？

面部之所以歪斜不对称，大致可分为先天性与后天性的原因。以下先列出五种使颞下颌关节与面部骨骼歪斜的先天性原因。不过，其实大部分面部或颞下颌关节不对称，都是后天性原因所致。

## 先天性原因

因先天性骨骼畸形所引起的症状，需要靠手术来治疗。

① 先天性左右下颌骨长度不一：由于左右下颌骨（连接颞下颌关节的部分）长度不对称，导致面部出现严重的不对称。

② 天生方形脸：先天性颧骨、下巴肌肉过于发达（有棱角的下颌骨虽大多是由于先天性的原因，不过咀嚼肌过度发达，大部分是后天造成的）。

③ 先天性突嘴：天生下颌过度向后生长。

④ 天生反颌（地包天）：下颌过度向前突出。

⑤ 先天性骨骼、肌肉畸形：例如，先天没有恒牙牙胚、先天面部骨骼畸形、先天颜面肌肉畸形、先天脊柱畸形。

## 后天性原因

尽管我们出生时拥有正常的骨骼与匀称的体型，后来却因为身体习惯倾向一侧，或者经常有使下颌骨、脊柱与骨盆等部位扭曲的不良姿势，使得颞下颌关节也变得歪斜。

### 习惯用同一侧咀嚼

造成颞下颌关节严重歪斜最具代表性的原因，就是只用某一侧的牙齿咀嚼的习惯。例如，只靠右侧牙齿咀嚼食物。

除了一天要咀嚼食物数千次之外，说话、睡觉时，颞下颌关节也会因细微的震动而无法休息。因此，一旦颞下颌关节偏离了中心轴，或者开始变得歪斜，最终就会导致整个脸部的骨骼失去对称，使面部持续歪斜下去。

　　一般人在咀嚼小黄瓜、生菜等蔬菜时，会对颞下颌关节施加 15~30 千克力（1千克力 ≈ 9.8N）。像胡萝卜、甘薯等有些硬度的蔬菜，则会施加 30~40 千克力。若是咀嚼鱿鱼、章鱼、烤鱼片等硬而有嚼劲的食物时，由于必须在咬断之前长时间咀嚼，因此会对颞下颌关节施加 40~65 千克力。

　　令人吃惊的是睡觉时会磨牙的人。若是关节发出"咔啦咔啦"的声音，足以吵醒身旁睡觉的人，那么颞下颌关节所承受的力量，估计是 100~130 千克力。因此，平时在咀嚼食物时，平均地使用两侧颞下颌关节，对于维持匀称的面部是相当重要的。

**不良姿势习惯**

不良姿势会造成与颞下颌关节联系紧密的脊柱与骨盆歪向一侧，而这也会导致面部骨骼与颞下颌关节歪斜得更严重。

**导致面部不对称、颞下颌关节与全身歪斜最不良的姿势**

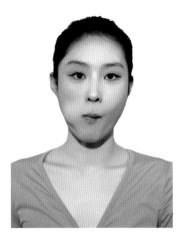

1. 用同一侧咀嚼坚硬有嚼劲的食物（严重时会引发颞下颌关节功能紊乱、方形脸、下巴歪斜）。

2. 单侧臀部向前、跷二郎腿低头看手机的姿势（严重时会导致下巴、脊柱、骨盆同时歪斜；若处于生长期，会导致长不高）。

3.趴着睡，下巴也侧向一侧（严重时会导致下巴、脊柱、骨盆同时歪斜；若处于生长期，则会导致长不高）。

4.脖子向前伸，以微驼的姿势看手机、电脑屏幕（严重时会引发下巴紧绷、一字颈与头前倾）。

5.穿着高跟鞋、背着包低头看手机时，将全身重量倾向一侧站立。

由于大部分时候不会感觉到剧烈的疼痛，导致不良姿势变成习惯，身体熟悉这种不良姿势之后，反而会错认为这才是舒适的姿势。举例来说，若是长期跷二郎腿的话，就会感觉到跷二郎腿这个动作最为舒适。但实际上这会使骨盆严重歪斜，引起腰椎间盘突出，压迫腰椎神经。

## 撞击

小学时因为和同学打架而挨揍的颞下颌关节，会变成一辈子面部歪斜、严重脸部不对称的原因。

① 下巴撞击：因打架、交通事故等，颈椎骨折或下巴受到撞击。

② 头部撞击：从高处跌落。

③ 额头撞击：撞到墙或其他坚固的物体上。

④ 后脑勺、侧脸撞击：后脑勺或侧脸被撞到（如被球用力撞到）。

“为什么我的身体会变得歪斜呢？我的姿势也算蛮正确的，是不是有什么特别的原因？”这是一位立志要当空姐的女性针对面部不对称所提出的问题。我问她：“小时候面部或颞下颌关节部位是否曾经有过严重撞击？”一般来说，这种状况，毫不例外都是因为曾经有下巴受到撞击的经历。因此，养育年幼子女的妈妈们要特别注意避免年幼子女的下巴或额骨受到撞击。事实上，额骨的撞击会破坏脑部细胞，导致细胞数量减少，也会因中枢神经出现问题影响全身，并且出现体型不对称的症状，因此要最大限度地避免孩子生长过程中发生下巴和脑袋受撞击。

若颞下颌关节与额骨受到冲击，在颞下颌关节关节面互相错开的同时，会对全身的左右平衡造成很大的影响。症状大部分会在撞击发生后的 5~10 年内开始出现，整个身体也会变得歪斜。幼儿园、小学时期的打斗或相撞，会使下巴或头部受到撞击，从而也会演变成面部严重不对称。碰到这种状况，大部分人都不知道自己面部为什么会变得歪斜。

## 不良的下巴使用习惯

女演员们为了让自己看起来性感可爱，有时会摆出咬下唇或噘嘴的造型。然而不经意地咬嘴唇、噘嘴、托下巴的习惯，会让整体的面部骨骼变得歪斜。只要做过一次，关节就会变松、变得习惯（脑部会认定此刻心情是愉悦舒适的），而且这些影响会持续到年老时，因此现在就要立即终止以下动作。

① 习惯性磨牙。

② 咬紧牙关。

③ 咬单侧嘴唇。

④ 持续咬单侧嘴唇。

⑤ 习惯性左右揉动下巴。

⑥ 噘嘴。

⑦ 托下巴（向前）。

⑧ 托下巴（侧边）。

## 牙齿不健康

牙齿不健康的人，面部也会跟着歪斜。仔细观察周围牙齿整齐、善于保养的人，以及不注重保养牙齿的人，你会立刻发现两者面部的不同。

牙齿不健康，也是造成面部不对称的原因之一。引起牙龈疾病、蛀牙的细菌，会牵动周围下颌神经，造成颞下颌关节周围发炎与疼痛，并使左右下巴肌肉的不对称更加恶化。特别是齿列凌乱、有严重咬合不正的情况，与之连接的颞下颌关节也会变形不对称。

① 放任牙龈疾病、蛀牙不管：若长期放任牙齿疾病不管，颞下颌关节功能紊乱与下巴肌肉不对称会变得更严重，最后使面部变得歪斜。

② 牙齿咬合不正：嘴巴张开、闭合时，上下排牙齿无法准确咬合，最后面部会变得歪斜，并引发颞下颌关节功能紊乱。

因牙齿断裂或植牙需要而拔牙，之后却放任不管的话，面部也有变歪斜的可能。

## 放任颈部、肩膀、腰部疼痛不管

若以驼背姿势看手机或电脑，面部骨骼可能会变得歪斜。此外，下巴、颈部（颈椎）、肩膀肌肉可能会变得像石头一样僵硬。长时间使用手机与电脑时，颈部后方、肩膀、腰部、骨盆（甚至是小腿、脚底板）的肌肉和筋膜也会变得紧绷。

同时，经常感到沉重而酸痛的下巴、颈部、肩膀、腰部等部位，会产生无法忍受的肌肉疼痛。肌肉、韧带、血管内各种代谢废物自然而然地累积于体内，导致身体出现慢性疲劳与全身无力的症状。尤其是现在大部分人习惯跷二郎腿或以歪斜的姿势过度使用手机或电脑，因此经常会感觉到单侧关节疼痛（偏头痛和右颈、右肩、右侧腰部疼痛等症状）。

① 放任头痛不管：症状会恶化，转变为慢性偏头痛。

② 不去理会僵直的颈部、肩膀、下巴疼痛：脊柱构造变形，演变成一字颈、头前倾。

③ 不良姿势：引发脊柱侧弯、骨盆歪斜。

## 面部不对称的类型

　　当颞下颌关节向前或向后下陷，并向某一侧歪斜时，会造成 3 种不对称的脸形。按颞下颌关节歪斜的方向，可大致将面部不对称分成 3 型。

**颞下颌关节不对称与面部不对称的类型特征**

**面部不对称**
颞下颌关节的下颌骨左右错开

**突嘴**
颞下颌关节的下颌骨向后方错开，上颌向前方突出

**国字脸（反颌）**
咀嚼肌过度发达，下颌过度向前突出

虽然有时颞下颌关节不对称、面部不对称的症状会单独发生,不过大部分都是左右、前后等方向同时产生问题。左右下巴的不对称与歪斜会最先发生,然后反颌、突嘴的症状会随之出现。在此颞下颌关节不对称的状态下,有过多力量施加于咀嚼肌(咬合肌)上,使颞下颌关节变形,面部呈现为国字脸。

## 面部不对称

颞下颌关节的下颌与面颅骨的上颌互相错开,颞下颌关节呈左右歪斜的状态。

压迫到贯穿颞下颌关节的神经、血管,使包覆颞下颌关节的韧带、肌肉变得无力,引发颞下颌关节功能紊乱(下巴疼痛与异常症状,如头痛、耳鸣、张嘴有"咔咔"声)。

对于颞下颌关节不对称与下巴肌肉、面部肌肉不对称,若是进行均衡矫正运动与自我按摩,就能获得显著的改善。

若有一侧颞下颌关节的骨骼天生较短或较长,导致下巴不对称渐趋严重,或者颞下颌关节严重歪斜、关节盘磨损,则必须接受颞下颌关节手术。

## 突嘴

下巴下方比上方后缩(又名短下巴),颞下颌关节向前的角度不足。

上颌被挤向前,嘴巴周围较瘪。

通常会把整形外科的填充物放入短下巴部位,以矫正其形状。

可通过矫正运动,来刺激角度不够突出的颞下颌关节,将其推向前。

## 国字脸

颞下颌关节的角度天生太过方正。

颞下颌关节周围的肌肉后天过度发达。

规律地进行自我矫正按摩,能舒缓过度发达的颧骨和颞下颌关节周围肌肉。

## 反颌

天生颞下颌关节(下颌)被挤向前,下巴变形为下方突出的样子。

　　若持续进行反颌矫正运动，将被挤向前的颞下颌关节（下颌）向后轻推，能获得显著的效果。

　　如果反颌的情形太过严重，如颞下颌关节严重向前突出，导致关节盘磨损，或者天生下巴就呈反颌状，则必须接受手术。

# 面部不对称自我检测

　　仔细照镜子并查看用手机所拍下的面部照片，确认自己的左右眼睛高度是否一致，眼睛是否对称，鼻梁是否弯曲，是否有一侧嘴角翘得特别高，是否只有一侧颧骨较为突出，是否有一侧法令纹较深——你可能会因为每天看着的面部变得如此不对称而感到吃惊。

## 面部不对称自我检测1：善用镜子
### 将手指放入耳朵，张开嘴巴再闭上

　　掌心朝前，将双手小指轻轻放入两侧耳朵内。当嘴巴打开再闭上时，确认是否一侧小指的指腹先触碰到颞下颌关节的骨骼（或接触面积较多）。

　　若一侧小指先摸到骨骼（或接触面积较多），就代表颞下颌关节歪斜了。为了更准确地检测，将小指指腹轻放于耳壁上，张嘴然后闭嘴数次。

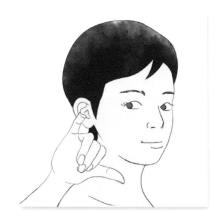
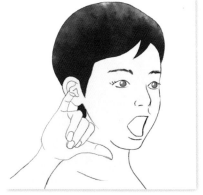

## 脖子后仰，确认下颌线是否不对称

脖子向后仰，确认左右下颌线是否水平或是否一侧较低，若一侧下颌线较低或看不见尾端，就要怀疑颞下颌关节可能有严重的不对称。

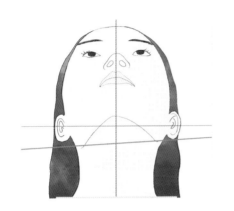
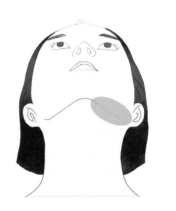

## 将手指放于耳朵下方的下颌线上

一只手握拳放在脸侧支撑，另一只手的食指、中指展开，轻轻放在颞下颌关节后侧纵线上。慢慢张嘴，然后闭合。双手交换动作。如果存在颞下颌关节不对称（颞下颌关节向前或向后歪斜），双手会有不同的感觉。

### 张开嘴巴

将三根手指头垂直（与水平）放入嘴巴，确认自己能够张到多大。要是张开的大小不足两根手指，或者超过了一个拳头，都代表颞下颌关节有问题。确认一下自己是因为颞下颌关节过度扭曲，导致嘴巴有张口障碍、颞下颌关节脱位，或者是由于颞下颌关节肌肉严重松脱，导致下巴过度展开。

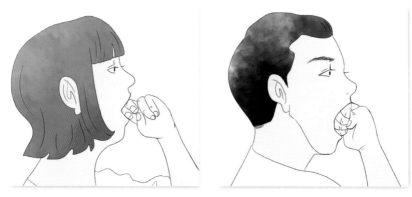

将手指垂直放入

将手指水平放入

## 确认牙齿咬合（咬合不正）及"Z"字形嘴

尽可能缓缓张开嘴巴，再缓缓闭上。观察嘴巴张开、闭合的形状是否都为均衡的圆形，是否出现闭合时咬合不正、呈"Z"字形。如果同时发出了"咔咔"声，要怀疑有颞下颌关节不对称与关节盘磨损的状况。

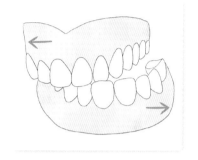

## 面部不对称自我检测2：智能手机分格摄影模式

### 拍摄时的注意事项

① 请别人以耳朵和眼睛在一条水平线的角度来帮自己拍摄，或者放置三脚架，配合耳朵与眼睛高度来拍摄。

② 利用手机的分格摄影模式拍摄。

③ 让相机与地面垂直，注意拍摄的角度（若从上而下拍摄或从下而上拍摄，很难准确判断体型的均衡状态）。

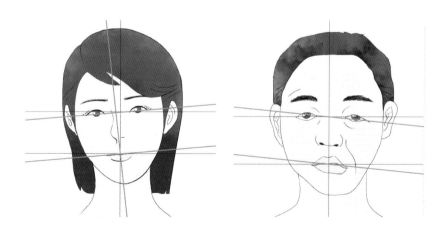

## 拍摄面部的方法

① 不靠在椅背上，腰背挺直（不刻意用力），放松地坐在椅子上。

② 总共拍 3 张照片（嘴巴半张的照片、嘴巴微闭的照片及脖子后仰的照片）。

③ 确认拍摄的照片。

④ 参考"面部不对称自我检测 1：善用镜子"（第 24 页），确认自己面部的均衡状态。若符合 5 个以上面部歪斜、颞下颌关节功能紊乱的表现，希望你能立即进行面部矫正运动。


## 全身不对称自我检测：智能手机分格摄影模式

若面部变得歪斜，则作为连接关节的脊柱与骨盆也会跟着弯曲倾斜。相同的，如果脊柱与骨盆歪曲或倾斜，与之连接的面部（上颌）与颞下颌关节（下颌）也会跟着歪斜，这是因为我们的身体有着类似齿轮的构造。

若拥有左右对称的正常面部与均衡体型，从脚踝到耳朵会在同一条直线上。从前后来看，肩膀高度与骨盆高度会左右对称，并维持平衡的状态。这种端正的体型（正确姿势）可以帮你打造轻盈的体态。

但是，面部歪斜、脊柱弯曲、骨盆倾斜的体型会导致脖子弯曲、高低肩、一侧肋骨凹陷，体型变得不对称。

从侧面来看，若姿势弯曲，体型会严重向前或后弯曲。若脖子向前突出，很容易造成头前倾；若背部弯曲、向后挤成一团，则会造成下腹部向前突出的腰椎前凸（啤酒肚体型）。

一旦脊柱与骨盆弯曲歪斜，就会有一侧肋骨突出。脊柱弯曲之所以可怕，在于它会压迫作为中枢神经的脊髓，消化器官及心肺脏器等也会受到压迫。在年老之前，就会因严重的症状而吃上苦头；而在青少年时期，它也会成为长不高或性格缺陷的重要原因。

## 拍摄全身的方法

① 身体放松，双脚分开与肩同宽，不刻意用力。在自然的状态下拍摄才会准确。

② 脱掉外套。这是为了确认左右肩膀的高度，以判断身体是否歪斜。若是穿着厚重的衣服，或是遮住了肩膀，就很难准确得知身体歪斜的状况。

③ 从左、右侧拍照后，再拍摄正面与背面照。最后，以上半身弯曲、背部呈水平状态拍摄 1 张，一共拍摄 5 张照片。

④ 拍摄侧面照时，将脚踝置于分格线的直线上。

⑤ 拍摄正面与背面照时，让分格线落于两脚之间。

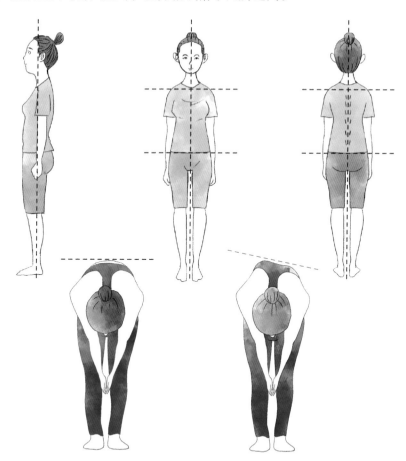

⑥ 确认拍摄的照片。

⑦ 参考"全身不对称与身体异常症状列表"（第178页）来确认自己的姿势。若自己的状态符合5个以上全身不对称体型的特征，希望你能立即开始脊柱、骨盆的全身体型矫正运动。

## 确认体型的方法

① 上半身弯曲，确认背部的水平状态（确认是否有一侧肋骨突出）。

② 从前后方确认肩膀是否不对称或是否有长短腿。

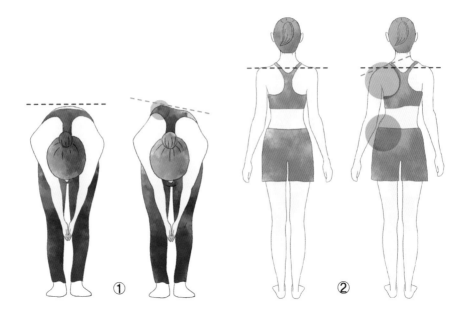

## 触诊法

① 确认左右眼睛的高度。确定是左右水平还是左右不对称（确认前额骨是否错位）。

② 把食指、中指指腹水平放在颧骨正面。同时，一只手顺时针转动，另一只手逆时针转动，确定哪个方向的颧骨突出（确认颧骨、颞骨是否错位）。

③ 把食指、中指指腹水平放在颧骨侧面和与颧骨成45°角的部位。一只手

顺时针旋转，另一只手逆时针旋转，确定哪个方向的颧骨突出（确认颧骨、颞骨是否错位）。

④ 把两只手的食指、中指轻轻地放在两侧耳朵下面、下颌后面。一只手顺时针转动，另一只手逆时针转动，检查颞下颌关节错位的方向（如果后面更能感受到下颌骨，说明下巴向后错位）。

⑤ 脖子向后仰，视线向后。拍摄照片，从正面可以看到肩部线条和下巴线条。检查左右下颌线是否水平，是否左右不对称（确认颞下颌关节、颈椎、肩部是否错位）。

# 打造匀称面部的正确习惯

① 将所有的牙齿都刷干净。

② 尽可能不要用手碰触面部，特别要避免咬嘴唇或托下巴。

③ 同时使用身体的两侧，避免只使用单侧。例如，养成左右侧轮流背包的习惯。

④ 养成正视前方的习惯，定期改变桌子上经常使用物品的位置，避免身体倾向特定某一侧。

⑤ 平均用两侧牙齿咀嚼食物。

⑥ 用鼻子呼吸。颞下颌关节与呼吸息息相关，正确的呼吸方式决定了颞下颌关节能够自然地咬合，不会造成关节僵硬或产生异常。养成伸展胸部、深呼吸的习惯。

⑦ 平常保持下巴与脸部放松不用力，消除咀嚼肌与颞下颌关节的紧绷感。在嘴巴闭着时，最好将门牙稍微打开。

⑧ 定期检查牙齿。

⑨ 带着培养正确姿势的意志力，切实身体力行。如此一来，支撑身体的脊柱肌肉就能变得平滑，避免脊柱与骨盆歪斜，使姿势看起来端正，同时也能维持颞下颌关节的均衡。

⑩ 一天做 3 次舌头左右伸展运动。如同长颈鹿将舌头伸长吐出来一般，做舌头伸展运动时，能有效放松紧绷的舌肌、口腔内其他肌肉，特别是颞下颌关节的紧绷。从神经学的角度来看，此举也有助于提升身体的功能。

⑪ 尽早治疗身体肌肉疼痛。颈、肩、背、腰的轻微肌肉疼痛会使支撑脊柱、附着其上的竖脊肌失去平衡。接着，身体会向某一侧开始歪斜，这即是全身变形演变的模式。

⑫ 每小时做 1 次全身伸展运动，使身体保持柔软。每小时花 10 分钟消除扭

曲骨盆与歪斜脊柱的紧张感，规律地进行 5~10 分钟的体型矫正伸展运动。

⑬ 保持心情愉悦。不要对每件事或每个人都感到不满或不信任、不安。相反，每个瞬间都要带着满足与相信、信赖的心，保持积极乐观的想法。若凡事都感到烦躁、压力过大，经常愤怒、忌妒、爱比较，决定面相的面部肌肉质量（气色、弹性）也会大为降低。除了会造成面部肌肉不对称与血液循环障碍等，也会造成颞下颌关节不对称，导致眼睛、嘴巴、鼻子不对称。

⑭ 保证高质量的睡眠。不管用什么方式，都要让自己熟睡。比平时早一点上床，创造能让身体舒适熟睡的睡觉环境。比如，通过更换枕头、床、内衣、棉被、室内照明等，创造出带给身体舒适感的环境，或让大脑进入安定的状态。最需要避免的是一直玩手机到很晚才睡觉，或者将手机放在头部附近。

第一章

●○○○○○○○○

# 基础面部矫正：
# 肌肉放松

# 面部肌筋膜按摩法

## 什么是肌筋膜？

　　肌筋膜是包围着肌肉的一层薄膜，它包覆着全身的肌肉并遍及全身，通过神经与肌肉连接并调节肌肉。如果肌筋膜歪斜，肌肉自然也会跟着歪斜，最终会导致全身（下巴、脊柱、骨盆、腿、脚）的肌肉变得不对称，更会造成体型的不对称（面部不对称、一字颈、脊柱侧弯、骨盆倾斜、长短腿、扁平足）。

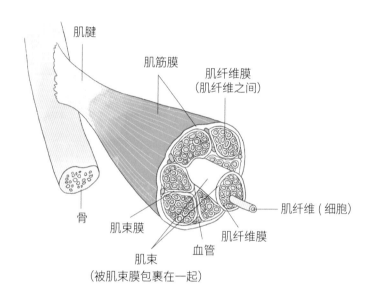

## 颞下颌关节不对称与全身不对称的形成过程

　　① 我们全身的肌肉表面被如塑胶薄膜一样的"肌筋膜"包覆连接。当平时的错误姿势导致颈部关节、脊柱、骨盆歪斜时，该部位的肌肉就会变得扭曲，肌筋膜也会跟着扭曲。

　　② 扭曲的肌筋膜会与邻近的肌筋膜互相挤压，造成再次扭曲，最后对全身的肌筋膜弹性与平衡产生影响，全身的体型关节（颞下颌关节、脊柱、骨盆、腿

部关节、脚部关节等）弯曲，并导致体型不匀称。若在网上搜索，可以找到全世界肌筋膜调节研究团体所发表的关于体型矫正的理论、相关论文和肌筋膜按摩技术。因面部歪斜所造成的全身不对称也是如此。

③ 面部不对称初期的症状是下巴轻微歪斜，随着下巴周围肌肉与包覆肌肉的肌筋膜歪斜而渐趋严重，最后对脖子、肩膀、脊柱、骨盆肌筋膜造成影响，并导致头前倾、一字颈、脊柱侧弯、骨盆倾斜、长短腿等全身歪斜症状。根据笔者20年来的经验，颞下颌关节歪斜引起的肌筋膜歪斜，最后必定会引起全身不对称。

**肌筋膜按摩方法**

① 把手放于需按摩肌肉处，整个按摩过程始终保持相同的力道，中途不要松手。

② 僵硬显著的肌肉部位要用力按摩。

③ 感到特别疼痛的部位则放轻力道按摩。

④ 肌肉疼痛或感到很紧绷的话，对照脸部肌肉图，确认是哪部分肌肉。

⑤ 确认肌肉是从哪里开始，和哪块骨骼连接在一起，然后集中按摩。

⑥ 和骨骼连接的部分要以较轻的力道按压。

⑦ 按摩中间突出的部分（不是与骨骼连接的部分），以拇指用力按压并集中放松僵硬的部位。

**运动时的注意事项**

① 在固定时间规律运动，矫正效果会更好。

② 分成早、中、晚三个时段，最少各运动一次，效果会更好。

③ 反复进行固定的次数，中途不可停止运动。

④ 如果没时间，每项运动与按摩至少要做 3~5 分钟。

⑤ 可随着时间推移逐渐提高强度。因为运动与按摩之后，肌肉和关节都会渐渐适应。刚开始时不要过度，以轻微强度进行，等颞下颌关节矫正、僵硬肌肉放松之后，再提高强度。

⑥ 由于每个人的体质和状态不同，因此矫正效果和适应度会有差异。有人在运动和肌筋膜按摩初期时会感到疼痛，此时可降低强度后再进行运动和按摩。若仍持续感到疼痛，最好先休息 2~3 天。

⑦ 配合自己的状态，找出适合自己的强度和次数。如果有信心能够加强运动与按摩，逐次提高强度。相反，如果以轻微强度去做时，仍会感到疼痛或不舒服，可再次降低强度，或者先停下来休息。

⑧ 看着镜子进行，要在身体没有歪斜、保持平衡的状态下，做出准确的动作。不能在脖子歪斜、下巴倾斜或肩膀高低不一的状态下运动或按摩。

# 面部若变得歪斜，会导致颞下颌关节不对称、面部肌筋膜松弛

面部不对称的症状和我们平时无数个不经意的动作有关，如咀嚼、说话、打哈欠等张口运动（嘴巴闭合的动作），以及托下巴、趴着、低头看智能手机等使下巴与颈骨歪斜的不良姿势。

严重的鼻窦炎甚至会导致鼻子无法正常呼吸，只能靠嘴巴呼吸，这种习惯会使颞下颌关节变得歪斜。最后，原本如同紧密接合的齿轮般的上颌与额骨受到影响，眼睛、鼻子、嘴巴等都会变得左右不对称。

歪斜的颞下颌关节会使得与颞下颌关节及面颅骨、额骨连接的面部肌肉（又称为颜面肌肉）变得左右不对称。肌肉一旦变得不对称，包覆肌肉外围的肌筋膜也会扭曲歪斜。

## 面部肌肉的种类

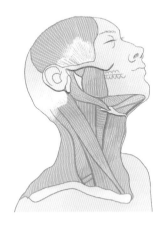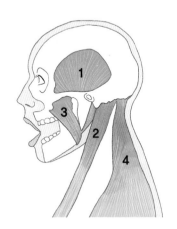

1. 颞肌；2. 胸锁乳突肌；3. 咬肌；4. 颈部肌肉

* 进行面部矫正运动与肌筋膜按摩时需参考肌肉分布图。

如同先前向大家说明的肌筋膜按摩学派主张，当包覆肌肉的肌筋膜歪斜或不对称时，关节也会跟着扭曲。比如，一侧下巴肌肉和另一侧下巴肌肉不对称时，有一侧会变得无力，另一侧则会变得僵硬。同时，整个面部肌肉自然也会有一侧变得无力，另一侧则变得僵硬。

除了嘴巴闭合、前后伸展的下巴肌肉之外，包覆额骨与面颅骨的面部肌肉也会变得不对称。这是由于面颅骨、额骨与颞下颌关节皆如齿轮般紧密接合的缘故。

到最后，骨骼和肌肉都会失去平衡——不管是骨骼先歪斜，后来肌肉变得不对称，肌筋膜也跟着扭曲；还是肌肉先变得不对称，而后肌筋膜扭曲，骨骼也跟着歪斜。它们只是顺序上的差别而已，因为骨骼和肌肉失衡是相互影响的。

也就是说，颞下颌关节与面颅骨、额骨整个变得左右不对称的同时，一侧附着于面颅骨、额骨的肌肉会变得僵硬，另一侧的肌肉则会变得极为脆弱或者下垂，结果造成面部向某一侧歪斜的状况。

颞下颌关节刚开始歪斜时，有很多人只是左右下巴与面部肌肉轻微不对称，下巴并没有歪斜。当人们长时间用同一侧咀嚼鱿鱼、肉干、口香糖等坚硬、有嚼劲的食物时，经常咀嚼的那一侧颞下颌关节肌肉就会缩成一团，造成肌肉紧张。而严重的面部不对称，则会造成一侧面部肌肉（特别是咀嚼肌）凹陷。

因此，为了根本性地矫正面部不对称，必须进行能促使颞下颌关节肌肉、额骨、整个面部肌肉左右平衡的肌肉矫正运动，以及肌筋膜按摩，如此才能维持长时间的效果，避免症状复发。有些人在接受削骨手术之后，坚持做维持肌肉平衡的肌筋膜按摩才能避免复发，也是基于这样的原因。

歪斜的面部会导致头颅骨同时扭曲，与之连接的头部肌肉会变得紧绷，整个头颅骨的肌筋膜也跟着扭曲。因此，要让紧绷的头颅骨肌筋膜彻底放松、变得平坦，才能更顺利地矫正与头颅骨连接的歪斜的颞下颌关节。特别是在放松头颅骨肌筋膜之后，整个头部会感到非常舒畅。

为了成功矫正面部不对称，除了矫正歪斜的面部肌肉之外，也要抚平包覆面部肌肉的肌筋膜才行。最重要的是，若能舒展面部肌肉的肌筋膜，除去肌肉的代谢废物，面部与身体都会变得清爽起来。现在就通过颜面肌筋膜按摩运动，亲眼确认面部矫正的效果，打造轻松无负担的身体吧！

# 面部不对称自我矫正法

为了能够矫正歪斜的颞下颌关节，平时要持续进行下巴周围肌肉与颞下颌关节的训练。参考网上的文章可以得知，即使接受正颌手术、牙齿矫正后，下巴仍会再度歪斜，因此平时下巴矫正的自我管理极为重要。要特别注意的是，一旦下巴偏离中心、开始歪斜，就会持续朝歪斜的方向弯曲。

为了使失衡的下巴肌肉与关节回到正中的位置，让颞下颌关节与整张面部的不对称肌肉获得平衡，就要反复进行训练。这对于矫正面部的不对称会有显著的帮助。

接下来，就从在国外下巴歪斜的人们经常做的矫正疗法中，为大家介绍其中有趣的下巴不对称自我矫正法。

① 将铅笔置于臼齿处。

② 看着镜子，确认铅笔的中心是否放在嘴巴的中心上。

③ 看着镜子，将歪斜的颞下颌关节尽可能调整到对称。

④ 下巴放松。

⑤ 用食指、中指触摸颧骨、额头、侧脸、下颌下方等，确认不对称关节与肌肉的状态，并进行轻微的调节训练。例如，如果右侧耳朵上方的颞肌与颞骨比

左侧突出，就把咬着铅笔的牙齿位置轻微向左右或前后调整看看，你将会感觉到突出的颞肌与颞骨神奇地缩了进去。

⑥ 找出额骨、颞下颌关节（下颌）对称的点之后，咬着铅笔维持 5 分钟，就能体验额骨、面颅骨等变得匀称的矫正效果。

⑦ 每次做 5~10 分钟，每小时做 1 次，每天反复做 5~10 次。

总的来说，这个疗法是先把铅笔咬在嘴里，一边看着镜子，一边左右或前后调整下巴与整个面颅骨、额骨，使它们对齐中心线并找到平衡。接着，在下巴对齐的状态下维持 5~10 分钟，自行调整左右颞下颌关节肌肉的不对称。持续做 3~6 个月，能调整颞下颌关节的肌肉，并获得很棒的效果。

如果在练习的过程中遇头痛、脖子、肩膀、背部疼痛等，可以调整强度，降低至每次练习 1~5 分钟。

# 不对称面部肌肉放松（颅骨）

## 滑动手指，轻按额头

改善面部的血液循环，额头感到舒畅而轻松。

1　端正坐姿，腰背挺直，下巴放松，嘴巴微微张开（或轻闭嘴巴）。双手第 2~5 指或第 2~4 指轻按额头。

2　把额头分成上、中、下 3 个部分，先轻轻摆动头部，再用手指由中间向两侧缓缓滑动。

组数：1 次 5~10 秒，反复 1~5 分钟。

注意：动作太快会导致矫正效果不佳。注意中途不能松手。

小贴士：本运动也可用于改善鼻炎、眼皮跳动和面部潮红。

## 额头两侧按压画圈

使额头变得舒畅、轻盈。

1 下巴放松，嘴巴张开约 1 指宽（或轻闭嘴巴）。双手的食指、中指、无名指放在眉毛尾端上部，轻轻摆动头部。

2 以由内而外的方式，在前额与侧面连接处（突出的骨骼处）画圈。

组数：1 次 5~10 秒，反复 1~5 分钟。

## 滑动手指，轻按眼下

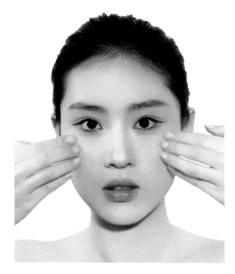

使眼睛下方感到舒畅而轻松。

1　端正坐姿，腰背挺直，下巴放松，嘴巴张开约 1 指宽（或轻闭嘴巴）。双手食指、中指、无名指轻按于眼睛下方、鼻梁两侧，轻轻摆动头部。

2　从鼻梁两侧向外缓缓滑动。

组数：1 次 5~10 秒，反复 1~5 分钟。

注意：动作太快会导致矫正效果不佳。注意中途不能松手。

小贴士：本运动也可用于改善鼻炎、眼皮跳动和面部潮红。

## 扫平法令纹

使阻塞的鼻子变得通畅、轻松。

1 端正坐姿，腰背挺直，下巴放松，嘴巴张开约 1 指宽（或轻闭嘴巴）。双手食指与中指轻按于鼻梁两侧的法令纹生成处，轻轻摆动头部。

2 手指缓缓沿着法令纹向下滑动按压。

组数：1 次 6~10 秒，反复 1~5 分钟。

注意：动作太快会导致矫正效果不佳。注意中途不能松手，以相同的力道滑到最后。

小贴士：本运动也可用于改善鼻炎、眼皮跳动和面部潮红。

## 滑动手指，轻按鼻旁

使阻塞的鼻子变得通畅、轻松。

1 端正坐姿，腰背挺直，下巴放松，嘴巴张开约 1 指宽（或轻闭嘴巴）。一只手的中指与无名指或者中指与食指轻轻按压于鼻梁旁，另一只手掌支撑脸颊，轻轻摆动头部。

2 手指缓缓往下滑动，轻轻按压到鼻梁与颧骨之间的法令纹处为止。

↘ 延伸动作：两手可以同时进行。

组数：1 次 5~10 秒，反复 1~5 分钟，然后换另一侧做相同的动作。
注意：动作太快会导致矫正效果不佳。注意中途不能松手。
小贴士：本运动也可用于改善鼻炎、眼皮跳动和面部潮红。

## 颧骨按压画圈

使颧骨变得舒畅、轻盈。

1 下巴放松，嘴巴张开约 1 指宽。一只手的食指、中指、无名指轻按于颧骨处，另一只手掌支撑脸颊。

2 在颧骨处画圈 5 次。

组数：1 次 5~10 秒，反复 1~5 分钟，然后换另一侧做相同的动作。

## 额骨按压画圈

抚平额头，使额头感到舒畅。

1 腰部挺直坐好，下巴放松。双手的食指、中指、无名指放于额头并轻按，轻轻摆动头部。

2 将额头分成上、中、下 3 个部分，用手指由中间向两侧由内而外缓缓画圈。

组数：1 次 5~10 秒，反复 10~20 次。

## 头顶按压画圈

抚平并放松顶骨的僵硬肌肉。

1 下巴放松，嘴巴张开约 1 指宽（或轻闭嘴巴）。双手第 2~5 指弯曲并放在头顶。

2 将头顶到耳朵分成 3 个部分，由前向后缓慢按摩。

组数：1 次 5~10 秒，反复 1~5 分钟。

## 按压扫平顶骨至颞骨

抚平头部，使头部感到舒畅、放松。

1　下巴放松，嘴巴张开约 1 指宽（或轻闭嘴巴）。双手第 2~5 指弯曲并放在头顶，轻轻摆动头部。

2　将顶骨至颞骨由前向后分成 3 个扇形部分并由中间向两侧进行按摩。

3　最后，轻按头部侧边，接着往下画圈至耳朵后方。

组数：1 次 5~10 秒，反复 1~5 分钟。

## 按摩头颈部

抚平并放松头后部与脖子后方的僵硬肌肉。

1 下巴放松，嘴巴张开约 1 指宽。双手第 2~5 指弯曲并放于枕骨，轻轻摆动头部。

2 将枕骨到脖子由两侧向中间分成 3 个部分，并由上而下轻按画圈。

组数：1 次 5~10 秒，反复 1~5 分钟。

注意：画圈速度太快会导致矫正效果不佳。中间手不要放下，以相同的力道画圈到最后。

小贴士：本运动也可用于改善头痛，颈部和肩膀疼痛。

## 画圈按摩头顶

抚平头顶，使头顶感到舒畅。

1 端正坐姿，腰背挺直，下巴放松。双手第 2~5 指弯曲并按压于额头上方。

2 从额头上方向耳朵上方轻轻滑动。将头顶分成 3 个部分，从中间向两侧画圈按摩。

组数：1 次 5~10 秒，反复 1~5 分钟。

注意：若动作太快会导致矫正效果不佳。注意中途不能松手，以相同的力道推至最后。

## 轻轻按压头顶

抚平头顶，使头顶感到清爽。

1 端正坐姿，腰背挺直，下巴放松。双手第2~5指弯曲并按压于头顶上，轻轻摆动头部。

2 从头顶向耳朵上方轻轻滑动。将头顶到头部两侧分成5个部分，从头顶中心向下按摩。

组数：1次5~10秒，反复10~20次。

注意：若动作太快会导致矫正效果不佳。注意中途不能松手，以相同的力道推至最后。

## 按压头后部

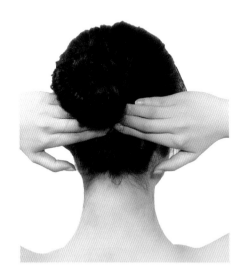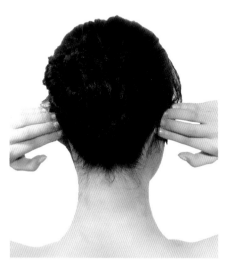

使枕骨感到舒畅，同时具有头部镇定效果。

1　端正坐姿，腰背挺直，下巴放松。双手第 2~5 指弯曲并按压于后脑勺，轻轻摆动头部。

2　从后脑勺最突出的地方向耳后轻轻滑动。把头后部分成 3 个部分，从中间向两侧按摩。

组数：1 次 5~10 秒，反复 10~20 次。
注意：若动作太快会导致矫正效果不佳。注意中途不能松手，以相同的力道按摩至最后。

## 按摩颞骨

抚平颞骨，使颞骨感到清爽。

1 端正坐姿，腰背挺直，下巴放松。双手第 2~5 指弯曲并按压于额头两侧。

2 把耳朵上方的颞骨分成 3 个扇形部分，由上向下按摩。

组数：1 次 5~10 秒，反复 10~20 次。

注意：若动作太快会导致矫正效果不佳。注意中途不能松手，以相同的力道按摩至最后。

# 基础面部矫正：肌肉放松（颞下颌关节）

## 按压颞下颌关节向下画圈

使紧绷的颞下颌关节周围变得放松。

1 端正坐姿，腰背挺直，下巴放松，嘴巴张开约 1 指宽。食指、中指、无名指放于歪斜的颞下颌关节上，另一只手掌支撑脸颊，轻轻摆动头部。

2 从颞下颌关节到下颌线分成 3 个部分，以画圈的方式从上至下轻轻按摩。

↘ **延伸动作：** 也可双手同时进行按摩。

组数：反复 5～10 次。

注意：在脸颊没有歪斜的状态下，帮助下颌肌肉放松。若按摩过后感到疼痛，可将力道减弱。中间不要松手，以相同的力道按到最后。

## 向两侧颞下颌关节画圈

放松颞下颌关节肌肉。

1 端正坐姿，腰背挺直，下巴放松。嘴巴张开约 1 指宽。

2 双手食指弯曲，从下巴中间向两侧颞下颌关节轻轻按压画圈。

组数：1 组反复 5~10 次。

## 放松咬肌

改善脸部血液循环，使下巴感到舒畅。

1 端正坐姿，腰背挺直，下巴放松，嘴巴微微张开。双手食指与中指轻按于颞下颌关节处，轻轻摆动头部。

2 将突出的咬肌（在咀嚼时从颞下颌关节到下颌线突出的肌肉即是咬肌）分成左上、左下、右上、右下 4 个部分，以手指轻轻按压画圈，彻底放松肌肉。

组数：1 组 10~30 次，反复 3 组。
注意：动作太快会导致矫正效果不佳。要有节奏、缓慢地画圈。

## 轻刮咬肌

改善面部血液循环，使咬肌感到舒畅。

1 端正坐姿，腰背挺直，下巴放松，嘴巴微微张开。双手第 2~5 指或第 2~4 指弯曲并轻按于咬肌上。轻轻摆动头部。

2 把咬肌分成 3 个部分，以轻刮的方式由上向下按摩肌肉。

组数：1 组 10~30 次，反复 3 组。

注意：注意 3 个部分各自进行。动作太快会导致矫正效果不佳。

小贴士：本动作也可用于矫正国字脸。

## 握拳画圈向下按摩

高强度运动，能矫正左右不对称的颞下颌关节。

1　下巴放松，嘴巴张开约 1 指宽。握拳并放于歪斜的颞下颌关节处。另一只手掌支撑脸颊。

2　把颞下颌关节到下巴分成 5 个部分，从上向下画圈，按摩颞下颌关节肌肉。

注意：1 组 4~5 次，反复 5~10 组，然后换另一侧做相同的动作。

# 基础面部矫正：肌肉放松（下巴）

## 拇指按压下巴下方

放松下巴肌肉，使下巴感觉轻盈。

1 端正坐姿，腰背挺直，下巴放松。双手拇指指腹轻轻按压下巴肌肉。轻轻摆动头部。

2 看着镜子，确认按压时头没有歪向一侧。越是紧绷的部位要按压得越久。

↘ 延伸动作：也可让第 2~5 指紧扣。

组数：1 次 5 秒，慢慢地做 10 次。

注意：只需按摩下巴正下方的肌肉，不要按压到扁桃休或咽喉。

小贴士：本动作还可改善下巴处的脂肪，使下巴线条变得修长。

## 仰头，按压下巴下方

放松下巴肌肉，使下巴感觉轻盈。

1 端正坐姿，腰背挺直，下巴放松。双手拇指指腹轻按下巴肌肉，并在该状态下将嘴巴微微打开。轻轻摆动头部。

2 用拇指将脖子轻轻向上提。看着镜子，确认头没有歪向一侧。

3 把下巴下方由中间向两侧分成 5 个部分，依次上提按压。

组数：1 次 5 秒，慢慢地做 10 次。

注意：只需按摩下巴正下方的肌肉，不要按压到扁桃体或咽喉。

小贴士：本动作还可改善下巴处的脂肪，使下巴线条变得修长。

# 基础面部矫正：肌肉放松（嘴巴内）

## 嘴巴紧闭，做吹气球状

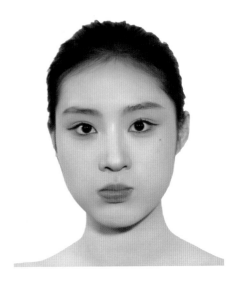

使嘴巴内支撑颞下颌关节的肌肉放松，下巴矫正效果佳。

1 端正坐姿，腰背挺直，下巴放松。

2 嘴巴轻轻闭上，使嘴巴在 3~5 秒内充满空气，并将空气朝颞下颌关节歪斜方向的另一侧推。直到再也无法推动为止，在鼓起状态下维持 3~5 秒。鼻子尽可能深吸、深呼。

组数：1 次 5~10 秒，反复 10 次。

## 放松脸颊内侧肌肉

放松嘴巴内的肌肉，下巴疼痛也会跟着好转。

1 下巴放松，嘴巴张开约 3 指宽。食指指腹放在脸颊与臼齿之间。由于脸颊歪斜时，此部位会感到非常疼痛，因此刚开始不要放入太深。另一只手掌支撑脸颊。

2 轻按脸颊内侧，拉开与臼齿间的距离，使脸颊向外突出。轻轻摆动头部。分成上、中、下 3 个部分按摩。

组数：反复 5~10 次，然后换另一侧做相同的动作。

注意：如果颞下颌关节内侧三叉神经严重受压，按摩此部位可能会更加疼痛。这表示状况很严重，需要将力道放轻来按摩。

小贴士：本运动还可用于消除颞下颌关节杂音和疼痛。

# 颈椎肌肉放松

## 颈椎两侧画圈

放松因颈椎歪斜而变得僵硬的肌肉。

1 端正坐姿，腰背挺直，将食指、中指、无名指轻按于耳后乳突（乳突是颞骨下方的突起，是耳后突出的骨骼）的正下方，另一只手掌支撑脸颊，轻轻摆动头部。

2 将两侧颈部由后向前分成 3 个部分，每一部分宽 0.5~1 cm。手指从第一部分开始轻轻向下画圈按摩。

组数：1 次 5 秒，反复 10 次，然后换另一侧做相同的动作。

注意：以相同的力道画圈至最后。

小贴士：本动作还可改善头痛，颈部和肩膀疼痛。

## 脖子后仰，揉捏后颈

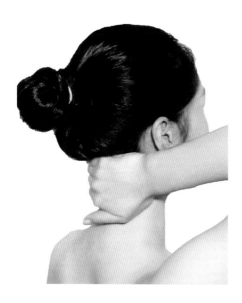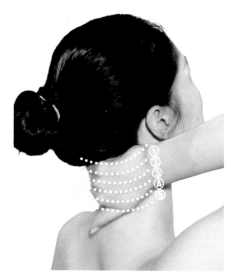

改善脖子后部的血液循环，放松僵硬的颈部肌肉。

1　端正坐姿，腰部挺直坐好，脖子缓缓向后仰。将手掌放在脖子与后脑勺（枕骨）交界处，并轻轻握住。

2　仰头，先轻轻摆动头部，然后用手握住脖子后部肌肉，保持 3~5 秒。

3　把脖子后部分成 5 个部分，每部分宽 1~2cm，逐个揉捏每一部分。

组数：反复 10 次，然后换另一侧做相同的动作。

注意：中间不要松手，以相同的力道揉捏至最后。

小贴士：本动作还可用于改善头痛，颈部和肩膀疼痛，以及矫正头前倾（乌龟颈）。

## 揉捏脖子与肩膀

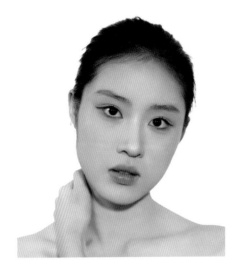

改善脖子与肩膀的血液循环，放松僵硬的肌肉。

1 端正坐姿，腰部挺直坐好，脖子缓缓歪向一侧。手掌放在脖子与肩膀交界处。

2 先轻轻摆动头部，然后用手指握住肌肉 3~5 秒。

3 将脖子到肩膀分成 5 个按摩部分，每部分宽 1~2cm，分别按摩这 5 个部分。

组数：反复 10 次，然后换另一侧做相同的动作。

注意：以相同的力道揉捏至最后。

小贴士：本运动还可用于改善头痛，颈部和肩膀疼痛。

# 颈部 45°拉伸

放松僵直的脖子与肩膀，打造颈部线条。

1 双脚分开，挺直站立。右臂弯曲，越过头顶，右手放于左耳处。注意，不要压迫耳朵。

2 以手腕与手肘的力量轻轻按压，使脖子成 45°保持 5 秒后恢复原状，然后换另一侧进行。

组数：1 组 10 次，反复 3 组（共 30 次）。

注意：另一侧肩膀向下用力。

小贴士：本运动还可用于矫正骨盆体态。

## 侧颈伸展

舒展颈部与肩膀，使颈部和肩膀感到舒畅。

1 双脚分开，挺直站立。右臂弯曲，越过头顶，右手放于左耳处。注意，不要压迫耳朵。

2 脖子斜向上 45°旋转，眼睛看向天花板。以手腕与手肘的力量，向右轻轻按压。保持 3~5 秒后，恢复原状，然后换另一侧做相同的动作。

组数：1 组 10 次，反复 2 组（共 20 次）。

注意：另一侧肩膀用力向下。

小贴士：本运动还可用于矫正骨盆体态。

第二章

打造小脸的运动

# 面部骨骼缩小矫正运动

## 扭转按压颧骨

缩小突出的颧骨。

1 端正坐姿，腰部挺直坐好，下巴放松。嘴巴微微张开 1 指宽。

2 一只手掌轻轻压在颧骨上，手指朝后，手掌与地面平行。 另一只手轻轻按压在对侧颧骨上。

3 手指朝后的手掌向下方轻轻按压转动至手掌与地面成 45°角。 此时，另一只手要轻轻支撑头部。如果轻轻摇动，放松按压转动的手，可增加贴合感，按压效果会更好。另一侧重复相同的动作。

> 注意：1 次 5~10 秒，反复 5~10 次。

## 双手手掌提升颧骨

缩小下垂的颧骨。

1 端正坐姿，腰部挺直坐好，下巴放松。嘴巴微微张开 1 指宽。

2 双肘放在桌子上，轻轻低下头，两手掌伸展，放在两侧颧骨下，轻轻地按压。

3 让颧骨压在两手手掌上，轻轻向下用力，双手手掌顺势提升颧骨。 如果双手手掌和头部同时轻轻摇动，放松双手，可增加贴合感，提升效果会更好。

注意：1 次 5~10 秒，反复 5~10 次。

## 一手手掌按压颧骨

矫正突出的颧骨。

1 端正坐姿，腰部挺直坐好，下巴放松。嘴巴微微张开1指宽。

2 双肘部放在桌子上，轻轻低下头，两手掌展开，放在两侧颧骨下，轻轻地按压。用手指感受哪个颧骨突出更多，把手掌轻轻地放在突出颧骨的下部。另一只手轻轻地放在脸旁边，支撑头部。

3 头部向下用力，轻轻将颧骨向手掌按压。如果同时轻轻摇动头部，放松手部，可增加贴合感，按压效果会更好。

注意：1次5~10秒，反复5~10次。

# 头部旋转 45°按压颧骨

缩小突出的颧骨。

1 端正坐姿，腰部挺直坐好，下巴放松。嘴巴微微张开 1 指宽。

2 双肘放在桌子上，轻轻低下头，双手轻轻按压颧骨感受哪个颧骨更加突出。 把手掌轻轻地放在突出的颧骨处。 另一只手轻轻地放在脸旁边，支撑头部。

3 脸向对侧 45°扭转，头部向下用力，轻轻按压颧骨以矫正颧骨。 如果同时轻轻摇动头部，放松手部，可增加贴合感，按压效果会更好。

注意：1 次 5~10 秒，反复 5~10 次。

## 按压侧脸

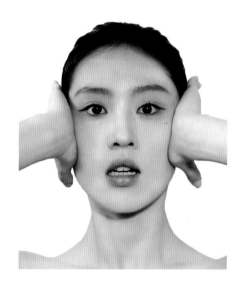 

缩小两侧突出的颧骨。

1 端正坐姿，腰部挺直坐好，下巴放松。嘴巴微微张开。

2 双手手掌放在两侧脸的侧面，指尖朝后。将侧脸由上而下分为 3 个部分，分别轻轻按压。如果同时双手轻轻晃动，放松手部，可增加贴合感，按压效果会更好。

组数：1 次 5~10 秒，反复 5~10 次。

## 改善下颌线

将左右突出的厚实下颌线条改善为修长的"V"形线。

1 端正坐姿，腰部挺直坐好，下巴放松。嘴巴微微张开。

2 双手手掌轻轻地放在紧咬嘴巴时两侧凸出的肌肉（咬肌）正下方的下颌线处。

3 将下颌线分为 3 个部分（上、中、下），用厚实的鱼际，轻轻按压两侧下颌线。
轻轻摆动头部。 如果两手掌轻轻摆动，让手部放松，可增加贴合感，按压效果会更好。

注意：1 次 5~10 秒，重复 5~10 次。

# 面部缩小肌筋膜按摩（消除面部浮肿，使面部变得平整）

## 从额头侧面滑动按压至下颌

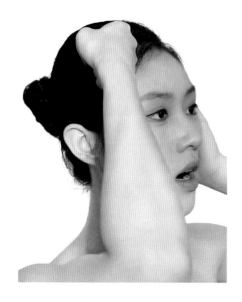

舒缓并矫正不对称的下颌肌肉。

1 下颌放松，嘴巴张开约1指宽（或轻闭嘴巴）。握拳，放于额头侧面，为了碰触到肌肉，因此需要轻轻按压。

2 将额头侧面到下颌由前向后分成3个按摩部分，用拳头以相同的力道自上而下分别滑动按压这3个部分，使左右不对称的颞骨变得对称。

---

组数：反复10次。

注意：可以使用指关节轻轻向下滑动按压，给予更强烈的刺激。

## 横向握拳，滑向下巴

矫正左右不对称的颞下颌关节。

1 下巴放松，嘴巴张开约 1 指宽。横向握拳后，放在歪斜的颞下颌关节上。轻轻按压颞下颌关节，感觉碰触到肌肉。

2 先轻轻摆动头部，然后握拳的手以相同的力道滑向下巴。另一只手支撑脸颊，避免歪向一侧。

**组数**：反复 10~20 次。

**注意**：向下滑动时，绝对不能松手。

## 直向握拳，滑向下巴

矫正左右不对称的颞下颌关节。

1 下巴放松，嘴巴张开约 1 指宽。直向握拳后，放在歪斜的颞下颌关节上。轻轻按压颞下颌关节，感觉碰触到肌肉。

2 先轻轻摆动头部，然后握拳的手以相同的力道滑向下巴。另一只手支撑脸颊，避免歪向一侧。

组数：反复 10~20 次。

注意：向下滑动时，绝对不能松手。

## 轻揉额头

改善脸颊血液循环，舒展额头。

1 端正坐姿，腰部挺直坐好。下巴放松，嘴巴微微张开。双手第 2~5 指或第 2~4 指轻揉额头。

2 把额头分成上、中、下 3 个部分，从额头中间向两侧轻轻滑动。

↳ **延伸动作：** 可双手按压滑动，也可双手画圈滑动。

组数：1 次 5~10 秒，反复 10~20 次。

注意：动作太快会导致矫正效果不佳。注意中途不能松手。

## 轻揉眼下

抚平眼下皮肤，使眼下皮肤感到舒畅。

1 端正坐姿，腰背挺直。下巴放松，嘴巴张开约 1 指宽。一手支撑面部，另一手的食指、中指指腹轻按于眼睛下方、鼻梁旁边。

2 先轻轻摆动头部，然后从鼻梁旁边向外缓缓按揉滑动。把眼下至颧骨分为上、中、下 3 个部分，分别按揉这 3 个部分。

组数：1 次 5~10 秒，反复 1~5 分钟。

注意：动作太快会导致矫正效果不佳。注意中途不能松手。

延伸动作：可双手同时进行。

## 双手手指弯曲，轻按颧骨

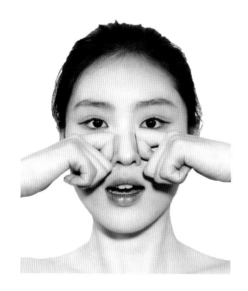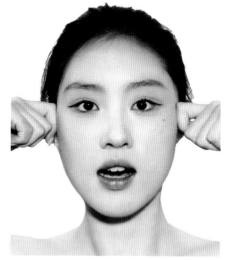

放松颧骨周围肌肉，改善面部浮肿。

1 端正坐姿，腰部挺直坐好。下巴放松，嘴巴张开。

2 将颧骨分为上、中、下 3 个部分，双手食指弯曲，分别按压颧骨的 3 个部分。按压前先轻轻摆动头部，从鼻旁水平按压至耳朵。

注意：1 组反复 5~10 次。

## 一手手指弯曲，轻按颧骨

放松颧骨周围肌肉，改善面部浮肿。

1 端正坐姿，腰部挺直坐好。下巴放松，嘴巴微微张开。

2 把颧骨分成上、中、下3个部分，一手食指弯曲，另一只手指伸直，紧贴弯曲食指的外侧。先轻轻摆动头部，然后伸直的手推动弯曲的食指由颧骨向耳朵提拉滑动。

注意：1组5~10次。

## 手指向下滑，按摩颧骨侧面

改善面部血液循环，使颧骨部位感到轻松。

1　端正坐姿，腰背挺直。下巴放松，嘴巴略微张开（或轻闭嘴巴）。一只手的食指、中指、无名指轻按于颧骨侧面，另一只手掌支撑脸颊。

2　把颧骨分成前、中、后 3 个部分，轻轻摆动头部，然后分别由上而下缓缓滑动按摩每个部分至下巴。

↘ 延伸动作：也可用手指画圈的方式。

组数：1 次 5~10 秒，反复 1~5 分钟，然后换另一侧做相同的动作。

注意：避免脸与脖子歪向一侧。注意中途不能松手。

小贴士：本运动也可用于改善鼻炎、眼皮跳动和面部潮红。

## 手指向外滑，双手按摩颧骨

 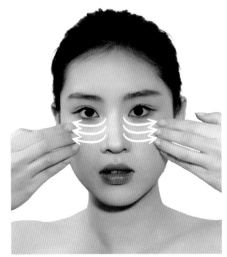

抚平颧骨部位，使面部感到舒畅而轻盈。

1 端正坐姿，腰背挺直。下巴放松，嘴巴略微张开。双手食指、中指、无名指轻按于颧骨上方。

2 把颧骨分成上、中、下 3 个部分，手指由内而外缓缓滑动，分别按摩 3 个部分。

↘ 延伸动作：也可以画圈按摩。

注意：动作太快会导致矫正效果不佳。注意中途不能松手，以相同的力道滑至最后。

小贴士：本运动也可用于改善鼻炎、眼皮跳动和面部潮红。

## 握拳轻扫颧骨

抚平颧骨部位，使面部感到舒畅而轻盈。

1　端正坐姿，腰背挺直。下巴放松，嘴巴略微张开（或轻闭嘴巴）。握拳后，将指关节轻按于颧骨上。

2　把颧骨分成上、中、下3个部分，指关节由内而外缓缓滑动，分别按摩这3个部分。

↘ 延伸动作：可双手同时进行，也可用画圈的方式按摩。

组数：1次5~10秒，反复1~5分钟。

注意：避免脸与脖子歪向一侧。注意中途不能松手。

小贴士：本运动也可用于改善鼻炎、眼皮跳动和面部潮红。

## 握拳画圈向下滑动

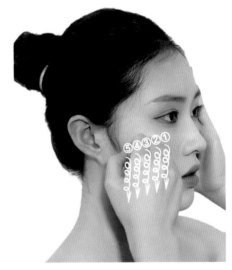

属高强度运动，能矫正左右不对称的颞下颌关节。

　1　下巴放松，嘴巴略微张开。一手支撑脸颊，另一手握拳并放于歪斜的颞下颌关节上，指关节轻按颞下颌关节。

　2　将颞下颌关节到下巴分成 5 个部分，每个部分从上向下画圈，按摩颞下颌关节肌肉。

组数：每组 4~5 次，反复 5~10 组，然后换另一侧做相同的动作。

注意：以相同的力道画圈至最后。如果运动结束后有疼痛，可降低强度。

第三章

○○○○○○○○●

改善皱纹 & 皮肤
弹性的运动

# 改善额头皱纹

## 弯曲手指，轻扫额头

放松额头周围肌肉，改善面部浮肿。

1　端正坐姿，腰部挺直坐好。下巴放松，嘴巴微微张开。

2　将额头分为上、中、下3个部分，双手食指弯曲，从额头中间开始向两侧按压轻扫。轻扫前先轻轻摆动头部。

> 组数：反复5~10次。

## 手掌竖直，轻扫额头

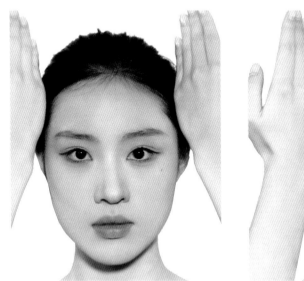

放松额头周围肌肉，改善额头皱纹。

1　端正坐姿，腰背挺直。下巴放松，嘴巴微微张开。

2　双手小指侧贴于额头中央，轻轻摆动头部。把额头分为上、中、下 3 个部分，分别由中间向两侧轻扫这 3 个部分。

组数：反复 5~10 次。

## 三指 45°轻提额头

放松额头周围肌肉，改善额头皱纹。

1 端正坐姿，腰背挺直。下巴放松，嘴巴微微张开。

2 一只手的食指、中指、无名指轻轻放在额头中央，另一只手与额头垂直并紧贴食指、中指和无名指。把额头分为上、中、下 3 个部分，分别从中间向侧面以 45°角轻扫额头的 3 个部分。

组数：反复 5~10 次，然后换另一侧做相同的动作。

# 改善眼周皱纹

## 食指弯曲，按摩眼下

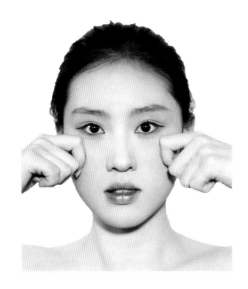

改善眼下皱纹。

1　端正坐姿，腰部挺直。下巴放松，嘴巴微微张开 1 指宽。

2　双手食指弯曲放在眼下。先轻轻摆动头部，然后双手从中间向两侧画圈按摩。

组数：反复 5~10 次。

## 食指弯曲，斜向轻扫眼下

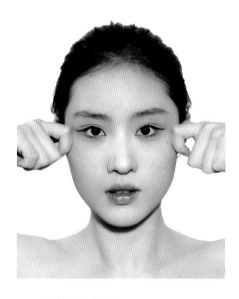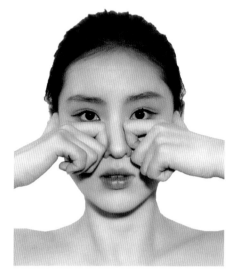

改善眼下皱纹。

1 端正坐姿，腰部挺直。下巴放松，嘴巴微微张开 1 指宽。

2 双手食指弯曲放在眼下。先轻轻摆动头部，然后双手从中间斜向上，向两侧滑动至颞部。

组数：反复 5~10 次。

## 食指指腹旋转按摩眼下

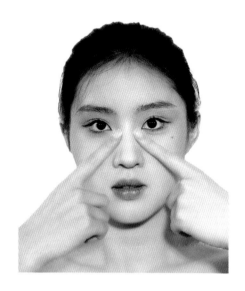 

改善眼下皱纹。

1　端正坐姿，腰部挺直。下巴放松，嘴巴微微张开 1 指宽。

2　双手食指指腹放在眼下、鼻子两侧。先轻轻摆动头部，然后用指腹和其侧面交替自上而下按摩至两侧鼻翼。

组数：反复 5~10 次。

## 拉平外眼角

改善眼周皱纹。

1 端正坐姿，腰部挺直。下巴放松，嘴巴微微张开 1 指宽。

2 左侧手臂越过头顶，食指、中指、无名指放在左侧处眼角。右手的食指、中指和无名指放在左手下方。先轻轻摆动头部，然后左手向上、右手向下轻轻牵拉右侧外眼角处皮肤。

组数：1次5~10秒，反复5~10次，然后换另一侧做相同的动作。

## 拇指轻扫鼻旁和上眼睑

改善眼周皱纹。

1 端正坐姿，腰部挺直。下巴放松，嘴巴微微张开。

2 双手拇指指腹放在两侧鼻翼旁。先轻轻摆动头部，然后向上沿鼻梁两侧滑至上眼睑再由上眼睑滑至外眼角。

组数：1 次 5~10 秒，反复 10 次。

注意：上眼睑处的滑动应轻柔，避免挤压眼球。

# 改善鼻周皱纹

## 食指轻扫鼻旁和下眼睑

 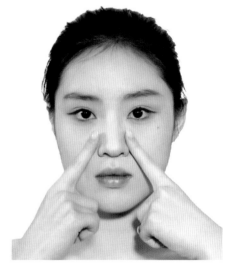

改善鼻子周围和眼周皱纹。

1 端正坐姿，腰部挺直。下巴放松，嘴巴微微张开 1 指宽。

2 双手食指指腹放在鼻翼上方。先轻轻摆动头部，然后从鼻子两侧向上滑至双眼内眼角，再由下眼睑滑至外眼角。

组数：反复 5~10 次。

## 拇指轻扫鼻旁，按压眉毛

改善鼻周和眼周皱纹。

1 端正坐姿，腰部挺直。下巴放松，嘴巴微微张开 1 指宽。

2 双手拇指的指腹轻轻放于鼻翼两侧。沿鼻梁两侧向上按压轻扫至眉毛，然后从头端向尾端轻轻按压眉毛。

组数：反复 5~10 次。

## 两手食指轻扫鼻梁、眼下

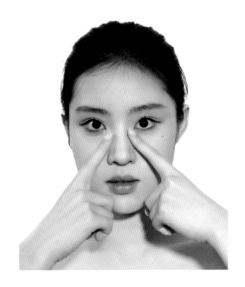

改善鼻周及眼周皱纹。

1 端正坐姿，腰部挺直。下巴放松，嘴巴微微张开 1 指宽。

2 把鼻翼分为上、中、下 3 个部分，依次从这 3 个部分开始轻扫。先把双手食指指腹放在下部，自下而上轻轻按压滑动至内眼角，然后沿下眼睑向两侧水平滑动。另外 2 个部分做相同的动作。

组数：反复 5~10 次。

# 改善法令纹

## 手掌支撑，上扫法令纹

1 端正坐姿，腰部挺直。下巴放松，嘴巴微微张开 1 指宽。

2 左手手掌伸直，手指侧面轻轻地按压法令纹处。将法令纹分成上、中、下 3 个部分，右手食指、中指、无名指和小指轻轻地贴着左手放在法令纹处。

3 左手保持稳定，右手运动。法令纹上部：斜向上方 60°按压轻扫；法令纹中部：斜向上方 45°按压轻扫；法令纹下部：斜向上方 30°按压轻扫。 轻扫时保持头部不动。可以在轻扫的过程中轻摇手掌，放松手部，增加贴合感，这样效果更佳。

组数：法令纹 3 个部分，各反复 5~10 次，然后另一侧做相同的动作。

## 按压、伸展咬肌

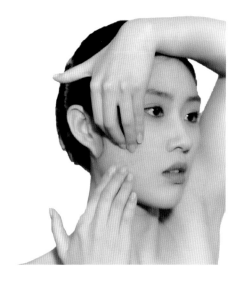

1 放松咬肌。端正坐姿，腰部挺直。下巴放松，嘴巴微微张开 1 指宽。

2 左臂越过头顶向右侧弯曲，左手放于右侧咬肌上部。右手放在右侧咬肌下部。先轻轻摆动头部，双手按压咬肌，然后轻轻上拉、下按，以放松咬肌。

组数：反复 5~10 次。

# 改善下巴纹

## 食指弯曲，轻扫下巴

改善下巴脂肪和皱纹，使下巴线条变得修长。

1 端正坐姿，腰部挺直。下巴放松，嘴巴微微张开 1 指宽。

2 双手食指弯曲，在唇下和下颌线 2 个部位，由中间向两侧轻扫按压。

组数：反复 5~10 次。

## 食指指腹旋转按压

改善嘴角皱纹。

1 端正坐姿，腰部挺直。下巴放松，嘴巴微微张开 1 指宽。

2 双手食指指腹放于唇下正中，轻轻摆动头部，由中间向两侧轻轻旋转按压至下颌角。

组数：反复 5~10 次。

# 改善颈纹

## 单手揉捏颈部肌肉

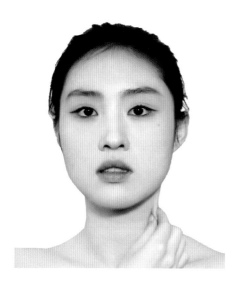

消除颈部赘肉。

1 端正坐姿，腰部挺直。下巴放松，嘴巴微微张开。

2 将颈部分为上、中、下三个部位，拇指、食指、中指由一侧向另一侧轻轻捏揉颈部赘肉。

3 揉捏的同时脖子向相反的方向微微旋转，效果更好。另一侧做相同的动作。

> 组数：反复 5~10 次。

## 按压锁骨，鼓嘴，抬颈扭转

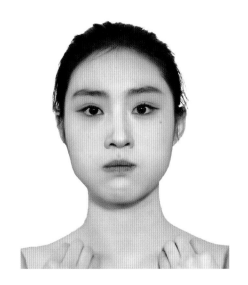 

改善下巴下部脂肪和颈部皱纹。

1 端正坐姿，腰部挺直。下巴放松，嘴巴尽可能大地做吹气球状。

2 双手微屈轻轻放在两侧锁骨上。轻轻摆动头部，脖子后仰 45°。然后，脖子保持后仰的姿势向一侧扭转，眼睛看向上方。

组数：1 次 5 秒，反复 5~10 次，然后另一侧做相同的动作。

注意：如感到头晕、头痛，应以弱强度运动，运动时间不超过 3 秒。若症状仍较严重，应停止运动。

## 按压锁骨，鼓嘴，脖子后仰

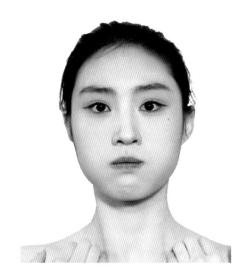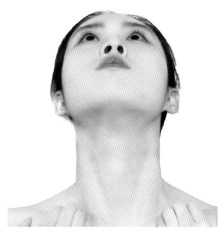

改善下巴下部脂肪和颈部皱纹。

1　端正坐姿，腰部挺直。下巴放松，嘴尽可能大地做吹气球状。

2　双手微屈，轻轻放在两侧锁骨上。轻轻摆动头部，然后脖子缓慢后仰。

组数：1次5秒，反复5~10次。

注意：如感到头晕、头痛，应以弱强度运动，运动时间不超过3秒。若症状仍较严重，应停止运动。

## 从唇下滑动至下巴下缘

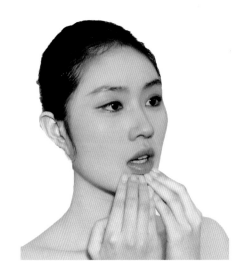 

抚平唇下，使下巴感到轻松。

1 端正坐姿，腰部挺直。下巴放松，嘴巴微微张开。把双手食指、中指和无名指轻按于嘴唇下方。

2 张嘴，轻轻摆动头部。脖子后仰的同时，双手向下滑动，嘴巴跟着张得更大。

组数：1次 5~10 秒，反复 10~20 次。

注意：动作太快会导致矫正效果不佳。注意中途不能松手，保持相同的力道至最后。

## 脖子后仰，滑动按压下巴至锁骨

抚平颈纹，使颈前部感到轻松。

1 端正坐姿，腰背挺直。下巴放松，嘴巴微微张开。一只手支撑脸颊，另一只手弯曲第 2~5 指或第 2~4 指，轻按于一侧唇下。

2 先轻轻摆动头部，然后弯曲的手指由下巴滑动按压至锁骨，脖颈向后仰。

3 把下巴至锁骨分成前、中、后 3 个部分，分别滑动按压。

↘ 延伸动作：也可双手同时进行。

组数：1 次 5~10 秒，反复 10~20 次，然后换另一侧做相同的动作。

注意：动作太快会导致矫正效果不佳。注意中途不能松手，以相同的力道按压至最后。

## 脖子向一侧扭转 45°，滑动按压下巴至锁骨

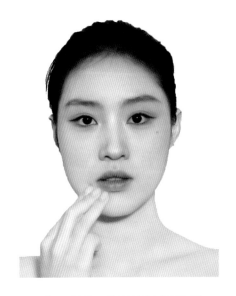 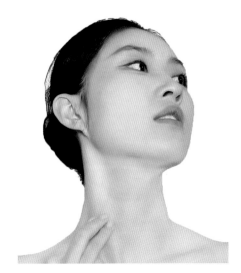

抚平颈纹，使颈前部感到轻松。

1 端正坐姿，腰背挺直。下巴放松，嘴巴微微张开。弯曲第 2~5 指或第 2~4 指，轻按于一侧唇下。

2 先轻轻摆动头部，然后弯曲的手指由下巴滑动按压至锁骨。在滑动按压的同时，脖子向另一侧 45°上仰扭转。

3 把下巴至锁骨分成前、中、后 3 个部分，分别滑动按压。

组数：1 次 5~10 秒，反复 10~20 次，然后换另一侧做相同的动作。
注意：动作太快会导致矫正效果不佳。注意中途不能松手，以相同的力道按压至最后。

# 改善下巴下方脂肪

## 一手推，另一手揉捏下巴下方肌肉

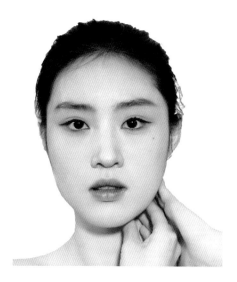

改善下方脂肪和皱纹，使下巴线条变得修长。

1　端正坐姿，腰背挺直。下巴放松，嘴巴微微张开 1 指宽。

2　右手轻轻捏住左侧下颌下方肌肉，左手伸开，紧贴右手手背。先轻轻摆动头部，然后左手推，右手揉捏，自左向右滑动至右侧下颌下方。过中线后，头微微向左扭转。

组数：反复 5~10 次。

## 仰头，按压下巴下方

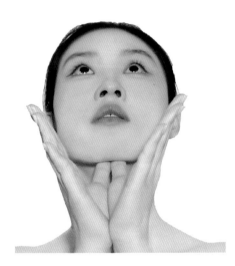

改善下巴下方赘肉和皱纹，使下巴线条变得修长。

1 端正坐姿，腰背挺直。下巴放松，嘴巴微微张开。

2 双手拇指弯曲，轻轻放在下巴下方中央部位。拇指按压下巴下方，轻轻摆动头部，然后头后仰约 45°并保持。再次轻轻摆动头部，头后仰得更多并保持。

组数：反复 5~10 次。

## 脖子向侧上方扭转 45°，手指支撑下颌

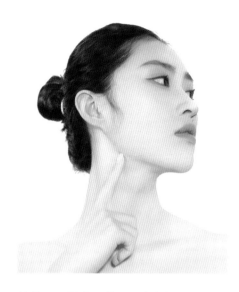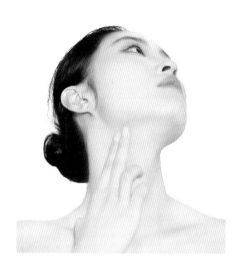

放松下巴肌肉，使下巴变得轻盈。

1 端正坐姿，腰背挺直。下巴放松，食指伸直放于下颌角下方。

2 脖子向侧上方扭转 45°，轻轻摆动头部，伸直中指，与食指一起支撑下颌角。

组数：1 次 5 秒，慢慢地做 10 次，然后换另一侧做相同的动作。

注意：不可按压到扁桃体或咽喉。

## 侧上方扭转，伸展脖子

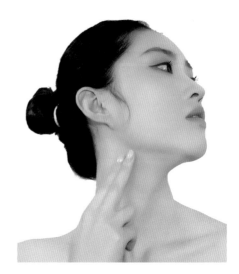

矫正弯曲的脖子与头前倾（乌龟颈）。

1 端正坐姿，腰背挺直。下巴放松，嘴巴微微张开。食指与中指放在下颌角下，轻轻摆动头部。

2 脖子向侧上方扭转 45°，保持 5 秒左右。轻轻摆动头部，然后继续向侧上方扭转，再保持 5 秒左右。最后回到原状。

组数：1 次 5 秒，反复 20 次，然后换另一侧做相同的动作。

注意：运动时，若感觉到一侧下巴比较紧绷，可延长伸展的时间。眼睛越向后看，脖子就越能向后转。

第四章

面部不对称矫正运动

想要矫正面部不对称，就得让整个面部肌肉彻底放松，同时进行与歪斜的颞下颌关节反方向的矫正运动，才能获得显著的效果。

## 按摩肌筋膜，放松不对称的面部肌肉

在颞下颌关节（下颌）与上颌骨的连接处向左右错开的同时，面部会跟着向顺时针或逆时针的方向歪斜。如果长时间放任不管，作为连接关节的颈椎、腰椎与骨盆也会歪斜，随之头前倾、高低肩、脊柱侧弯、骨盆歪斜等全身不对称的症状会逐渐恶化。因此，为了根本性地矫正面部不对称，必须让整个面部肌肉彻底放松，同时进行与歪斜的颞下颌关节反方向的矫正运动。

通过面部矫正运动及按摩与面部骨骼连接的肌肉与肌筋膜，使歪斜的面部骨骼与不对称的肌肉找到平衡，并打造出漂亮的下巴线条。同时，要让歪斜的骨盆与弯曲的脊柱骨骼变得端正挺直，才不会让矫正后的漂亮面部再度出现不对称。

### 运动时的注意事项

① 在固定的时间规律运动，矫正效果会更好。

② 分成早晨、中午、晚上三个时段，每个时段最少进行 1 次 15~30 分钟的运动，效果更佳。

③ 要反复进行固定次数的运动。尽可能不要半途而废。

④ 如果没有时间，每项运动与按摩最少每次做 5~15 分钟。

⑤ 慢慢提高强度。运动与按摩久了，肌肉与关节自然会逐渐习惯。刚开始时不要太勉强自己，轻微运动即可，等到颞下颌关节矫正逐渐出现效果、僵硬的肌肉放松时再提高强度。

⑥ 由于每个人的体质与状态不同，矫正效果与适应力也会有所差异。有时在刚开始运动与肌筋膜按摩时，反而会觉得更加疼痛。如果发生这种状况，可降

低强度。如果仍持续感到疼痛，最好先休息 2~3 天。

⑦ 配合自己的状态来调整强度和次数。也可以根据自己的状态加强运动与按摩。在对运动和肌筋膜按摩产生信心和适应后，慢慢提高强度。如果再次出现轻微的运动也会感到疼痛或不舒服，可再次降低强度，或者暂停下来并好好休息。

⑧ 看着镜子运动和按摩，让身体保持平衡，做出正确的动作。不可在脖子、下巴或两侧肩膀不对称的状态下进行运动或按摩。

## 下巴疼痛时的处理方式

① 从最轻微的运动强度开始。

② 确认下巴疼痛与不舒服的状况缓解后，再慢慢增加运动强度。

③ 一开始别太急着矫正，运动太过激烈，反而可能会让颞下颌关节周围感到疼痛与不舒服。

④ 面部严重不对称时表示颞下颌关节已受到很大损伤。在颞下颌关节周围肌肉脆弱的情况下，应尽可能做轻微的运动。

⑤ 如果下巴、脖子、肩膀、腰部感到疼痛，将运动强度减至 1/10。

⑥ 即使做最轻微的运动，1~2 周后仍感到疼痛，需要中止运动 2 周 ~1 个月。这种情况表示颞下颌关节已经失衡或其周围软组织（肌肉、韧带、神经等）目前很脆弱。可以用冰袋、热毛巾敷在颞下颌关节部位 10~15 分钟，使其镇定后，即能缓解疼痛。

⑦ 注意，因颞下颌关节严重不对称所引起的损伤，想要获得矫正效果，需要相当长的时间。一般，情况比较严重的需要 6 个月 ~1 年的时间，下巴矫正才会出现效果；根据个人的运动准确度，时间可能会缩短或延长。

## 为什么下巴会发出声音？

下巴经常会发出"咔咔"的声音。有时是因为吃饭时吃到硬的东西，发出"咔咔"的声音，有时则是随说话等平时嘴巴闭合的日常动作而发出"咔咔"的声音。

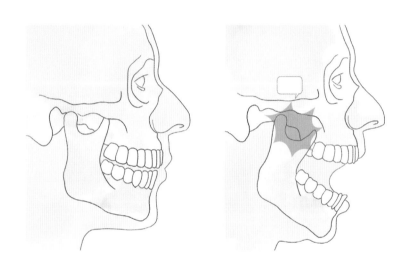

有些人在下巴发出声音的同时，会出现疼痛的状况，但也有许多人下巴发出声音却不会感到疼痛。可是，下巴究竟为什么会发出声音呢？可以不管它吗？

如果先讲结论的话，下巴发出的声音又叫作关节杂音，这种异常症状表示颞下颌关节的软骨（关节盘）从原本的位置过度向前或向后下陷（下巴脱位）。

## 出现颞下颌关节杂音时

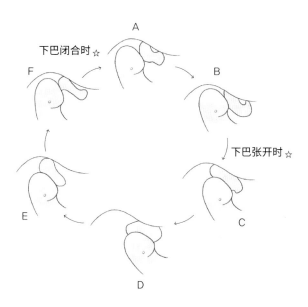

关节杂音会随着单侧咀嚼（习惯用同一侧咀嚼食物）、全身不对称的姿势习惯（跷二郎腿、侧躺、低头使用手机、身体歪斜着靠墙站立等）而渐趋严重。再加上嘴巴张开、闭合的轻微动作会导致下巴疼痛，最后造成即便是轻微打哈欠、说话等张嘴动作时，下巴都会发出"咔咔"声，并恶化为出现关节盘症状。

当下巴歪斜时，连接下颌骨与颞骨的软骨（关节盘）会受到磨损。在颞下颌关节的连接变得无力的同时，会引发下巴脱位的情况，严重者可出现下巴歪斜到连嘴巴都无法张开或闭上的程度。

颞下颌关节发出杂音代表下颌骨向前或向后歪斜，但发出杂音与下巴疼痛的严重性，应根据具体情况区分，做到有效预防。

## 1. 正常的颞下颌关节和关节盘

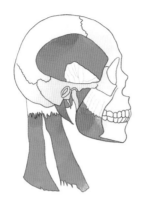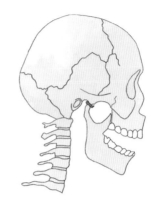

## 2. 向前突出关节盘

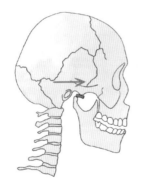

» 一般不会发出声音。

» 造成下巴下陷或嘴巴无法闭合。

## 3. 向后突出的关节盘

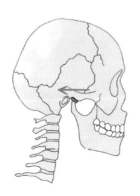

» 张开嘴巴时，下巴会发出声音。

## 4. 关节盘前移脱位

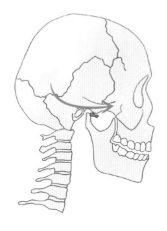

» 大部分会发出"咔咔"声。

» 嘴巴无法闭合。

» 感到下巴疼痛。

## 5. 关节盘后移脱位

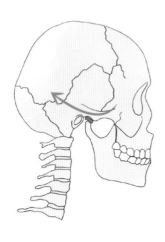

» 不会发出声音。

» 嘴巴无法完全闭合。

» 上下排臼齿无法互相碰触。

» 嘴巴只能张开一半，无法张大。

» 试图最大限度地张嘴或闭嘴时，会感到疼痛。

# 为什么颞下颌关节歪斜，身体会生病？

## 为什么会如此疼痛？

若在视频网站上搜索，可以发现有许多针对颞下颌关节症状的体型矫正方法和医学治疗。我常常会嘱咐亲友、员工们，要他们注意下巴、正确地使用下巴。而且会特别叮嘱朋友们："一定要让孩子保持正确的姿势！不然以后会长不高，身体歪斜的话，后悔都来不及！"比起因热衷于念书而把身体搞坏，拥有端正高挑的体型、健康的身体不是更重要吗？

因面部不对称而烦恼的人们，除了对外表缺乏自信之外，还要为头痛、下巴疼痛、颈肩腰痛等烦恼。此外，脊柱和骨盆同时歪斜，会导致全身变得不对称，甚至有许多人因耳鸣而痛苦不已。由于不在乎自己的下巴，导致下巴歪斜的人真的很多，这些人就连自己出现了症状也不知晓。

每天看到这些人的我，很想针对这些部分来做强调与说明——从小就要养成好习惯，长大成人之后才能够健康地生活。

我们的身体就如同一个固定的模式，丝毫不差地发送相同反应的信号。就像和人相处，若对方生气了，彼此的关系自然就会变差，而我们身体的反应也是如此。若大家能好好阅读并理解后文所提到的原理与症状，我相信大家一定也能维持下巴的健康。

## 歪斜的面部 = 颞下颌关节功能紊乱

由于面部不对称所引发的下巴疼痛与身体异常症状，称为颞下颌关节功能紊乱，其最具代表性的症状与原因如下。

## 压迫神经

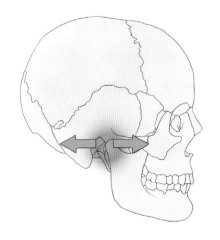

» 当颞下颌关节歪斜时，关节盘会跑出来，压迫神经和血管。

若应该在原本位置上的颞下颌关节向某一侧扭曲，会压迫经过颞下颌关节骨骼之间的神经与血管，引起疼痛。更进一步来说，在面部不对称的构造中，由于颞下颌关节歪斜会导致贯穿颞下颌关节的九对脑神经分支受压。尤其是当第五对脑神经（三叉神经）受压时，会使眼、鼻、口、耳、颞下颌关节疼痛与异常症状变得更加严重。

## 引发耳鸣

歪斜的颞下颌关节会压迫外耳道，引发耳鸣，给日常生活带来痛苦。而且最重要的是，颅内的十二对脑神经有九对会受到压迫，使得神经的左右平衡功能发生障碍。此外，全身也会变得歪斜，并引发慢性偏头痛。当长时间的耳鸣造成生活上的障碍时，可能会恶化为抑郁症，此即为颞下颌关节功能紊乱最严重的问题。

## 引发鼻窦炎

面部骨骼歪斜时，有许多人会因为位于鼻子两侧、眼睛周围的鼻旁窦阻塞而出现令人不舒服的鼻炎。

### 使支撑颞下颌关节的肌肉变得不对称

支撑左右颞下颌关节周围的肌肉，会有一侧变得如石头般紧张僵硬，另一侧则如同海绵般松软无力。若是长时间放任面部肌肉不对称的状况不管，最后支撑颞下颌关节的韧带就会松弛并且发炎。

### 造成头骨不对称、一字颈、头前倾

歪斜的颞下颌关节，会使第1~2颈椎按顺时针或逆时针方向扭曲。接着脖子构造会从正常的"C"字颈变形为一字颈，造成支撑脖子与颅骨的颈部肌肉过度紧绷，引发严重头痛与面部疼痛。

### 造成全身脊柱不对称

颞下颌关节不对称会导致包覆颞下颌关节肌肉的肌筋膜扭曲。全身肌筋膜连接在一起，彼此影响，其原理就和时钟的齿轮相同。因此，若是颞下颌关节歪斜，与之通过肌筋膜连接的颈椎会跟着扭曲，不仅会变形为一字颈，还会恶化为高低肩、脊柱侧弯、骨盆歪斜、长短腿等症状。

### 关节盘

颞下颌关节功能紊乱的最后一个阶段，就是出现关节盘的症状。如果颞下颌关节歪斜最终导致关节盘磨损，嘴巴会无法正常张开与闭合，在症状恶化的同时，会出现下巴周围的严重疼痛与感觉消失的神经异常症状。

严重的面部不对称会使颞下颌关节的软骨（关节盘）向前或向后突出，发出"咔咔"的声音（关节杂音）；同时因为压迫到三叉神经，造成三叉神经支配区域的颞下颌关节疼痛，会影响到正常的生活，最后只能接受关节盘手术。

#### 颞下颌关节障碍症状的顺序

必须找出导致颞下颌关节功能紊乱症状（下巴发出声音、下巴疼痛、三叉神经痛）的根本原因，才能对症下药，找到解决方法。为了那些正在为严重的面部不对称、颞下颌关节功能紊乱所苦的人们，我先将详尽的结论告诉大家。

## 颞下颌关节不对称的发生

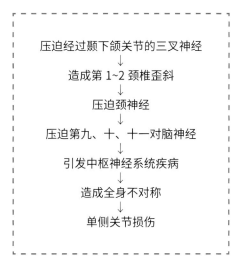

压迫经过颞下颌关节的三叉神经
↓
造成第 1~2 颈椎歪斜
↓
压迫颈神经
↓
压迫第九、十、十一对脑神经
↓
引发中枢神经系统疾病
↓
造成全身不对称
↓
单侧关节损伤

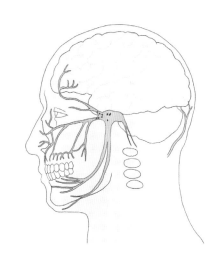

### 颞下颌关节功能紊乱的发生顺序

① 持续不经意的错误习惯（用同一侧咀嚼口香糖、肉等有嚼劲的食物，含着牙签、托下巴、跷二郎腿、身体歪斜着靠墙站立、侧睡等）。

② 一侧颞下颌关节开始歪斜。

③ 包覆该侧颞下颌关节的肌肉、韧带等开始松弛无力，引起发炎。

④ 该侧颞下颌关节软骨受到磨损。

⑤ 关节盘突出（向前、向后）。

⑥ 下巴发出声音（"咔咔""沙沙"声）。

⑦ 压到贯穿颞下颌关节内侧的脑神经。

⑧ 引起颞下颌关节功能紊乱（疼痛、感觉异常等症状）。

⑨ 引起第 1、第 2 颈神经异常症状。

⑩ 引起中枢神经（脑、脊髓）异常症状。

⑪ 引起神经异常症状（感觉异常——眼、鼻、口、耳感觉开始变迟钝）。

⑫ 引发耳鸣。

⑬ 导致一字颈（正常脖子应为 "C" 形）。

⑭ 导致脊柱扭曲。

⑮ 导致高低肩。

⑯ 造成骨盆倾斜。

⑰ 造成长短腿。

⑱ 一侧脚踝变得脆弱、容易扭到。

⑲ 造成单侧疼痛（身体一侧感到疼痛——颈、肩、腰单侧疼痛）。

⑳ 引发坐骨神经痛。

㉑ 引发单侧关节炎（一侧关节炎变得严重——单侧膝盖、拇指变形扭曲）。

## 因颞下颌关节功能紊乱引起的身体异常症状

虽然很多人长久以来一直被颞下颌关节功能紊乱的症状所困扰，但是检查并不能发现异常。有些下颌疼痛的病人只能靠服用止痛药缓解疼痛，并不能从根本上治疗疾病。以下是颞下颌关节功能紊乱的症状，如果发现自己符合 10 条以上的症状，就要注意自己可能出现了颞下颌关节功能紊乱、一字颈、头前倾等。

## 下巴

① 嘴巴张开时，会向一侧歪斜。

② 张开嘴巴或闭上嘴巴时会感到疼痛或不舒服（嘴巴只能张开 2 指以下宽度）。

③ 张开嘴巴时，会发出"哒哒""咔咔""沙沙"声（关节杂音）。

④ 嘴巴张开之后，无法闭合。

⑤ 咀嚼时咬合不正，食物无法好好咀嚼完毕。

⑥ 颧骨部位感到疼痛。

⑦ 移动下巴或舌头时感到有困难、疼痛。

⑧ 关节经常脱位（担心颞下颌关节会因为无力而脱位）。

⑨ 每次咀嚼食物或张开嘴巴时，都会感觉颞下颌关节脱位或卡住。

⑩ 害怕打哈欠（嘴巴闭着打哈欠）。

⑪ 由于颞下颌关节疼痛，因此用手去按压。

⑫ 咀嚼、吞咽或说话时都会觉得疼痛。

⑬ 某一侧面部感到刺痛。

## 嘴巴

① 睡觉时会磨牙。

② 齿缝过大。

③ 牙龈与牙齿感到刺痛。

④ 持续掉牙（特别是臼齿）。

## 喉咙

① 吞咽时觉得困难。

② 即使没有发炎，脖子仍会剧烈疼痛。

③ 声音突然发生变化。

④ 突然经常咳嗽。

⑤ 感觉喉咙内似乎有异物。

## 面部

① 眼睛后方（瞳孔后方）感到疼痛。

② 眼睛突然充血。

③ 眼球逐渐前凸。

④ 眨眼时会感受到强光。

⑤ 眼睛变得敏感，会畏光。

⑥ 眼睛与鼻子下方严重阻塞，有鼻窦炎（慢性鼻炎）。

⑦ 耳朵内有"嗡嗡"或"哔哔"声。

⑧ 听力变差。

⑨ 即使没有发炎，耳朵仍会感到刺痛。

⑩ 耳朵发痒。

⑪ 感到眩晕。

⑫ 有颜面疼痛的困扰。

⑬ 眼球下方感到疼痛。

### 脖子、肩膀

① 有严重的偏头痛。

② 颅骨（头部前方、侧面和鼻梁侧边）有剧烈压迫感。

③ 脖子感到酸痛。

④ 头部、脖子、肩膀感到沉重。

⑤ 脖子无法轻易转动。

⑥ 肩膀与肩胛骨感到酸痛。

平时错误的单侧使用习惯（持续使用单侧的不良姿势，如以微驼的姿势看手机、跷二郎腿、用同一侧咀嚼鱿鱼或口香糖等），会造成身体关节持续向某一侧歪斜。而关节一旦歪斜，就要靠反方向持续施予力量与重复的动作，才能将关节拉来，颞下颌关节的不对称也是如此。通过进行下巴矫正基础运动，能够让颞下颌关节回归原位，改善下巴不对称的状态，带来颞下颌关节匀称的矫正效果。

# 矫正牙齿后诱发的下巴不对称改善方法

来咨询我面部矫正疗法的，大多是对自己的外貌非常关心的人，他们不仅进行面部手法矫正，还进行过很多皮肤管理和美容整形手术（注射肉毒杆菌、双眼皮手术、眉毛手术、鼻手术、牙齿矫正、干细胞治疗等），其中牙齿矫正最为常见。

很多人矫正牙齿后或者牙齿矫正中，会出现面部慢慢不对称或下巴发出声音的颞下颌关节功能紊乱的情况。因为为了使错位的牙齿整齐地矫正，会压迫和聚集与上颌和下颌连接的牙齿，同时压迫下颌关节和上颌关节。长时间的牙齿矫正会使与牙齿相连的面部骨骼和面部形态逐渐扭曲。当然，根据每个人不同的牙齿不平衡状况和牙齿矫正手术方式，并不是所有的牙齿矫正都会导致面部不对称。

颞下颌关节和面部骨骼是通过肌筋膜与脊柱关节相连的结构，每当我们呼吸和活动时，它们就会与我们的脊柱和骨盆互相联动影响。

如果放任不管错位的面部骨骼和颞下颌关节，会使通过肌筋膜与之连接的脊柱和骨盆同时歪斜，导致面部不对称、脊柱弯曲、骨盆错位、长短腿，最重要的是会经常遭受颈肩腰痛的折磨。

如果牙齿矫正后出现面部不对称，在症状初期，建议大家坚持不懈地进行面部矫正运动和全身体型矫正运动。本书中的运动对牙齿矫正导致的面部及体态不均衡有很大的帮助。

# 下巴矫正基础运动

## 左右轻晃颞下颌关节

使原本僵硬的颞下颌关节肌肉与韧带变得柔软，下巴逐渐变得匀称。

1 下巴放松，嘴巴微微张开。第 2~5 指打开，轻按于颞下颌关节附近的咬肌上。

2 看着镜子，轻轻地左右摇动颞下颌关节。

组数：1 组 10~30 次，反复 1~5 分钟。

## 轻推颞下颌关节

使歪斜的颞下颌关节找到平衡。

1　端正坐姿，腰部挺直。下巴放松，嘴巴微微张开 1 指宽。双手食指与中指伸直，放于颞下颌关节上。

2　先轻轻摆动头部，然后慢慢张大嘴巴。在嘴巴开始呈现歪斜时，用手指施力朝反方向推，让嘴巴能够好好张开。

组数：1 次 5 秒，反复 30 次。

注意：看着镜子，靠双手食指和中指进行调整，使颞下颌关节找到平衡。

## 单手轻移颞下颌关节

使僵硬的颞下颌关节肌肉与韧带变得放松，下巴逐渐变得匀称。

1 端正坐姿，腰部挺直。下巴放松，嘴巴张开约 3 指宽。张开一只手掌，轻轻抓住下颌。轻轻摆动头部。

2 看着镜子进行，以手指轻轻向相反的方向推动歪斜的颞下颌关节。保持该姿势，让歪斜的颞下颌关节有更长的时间向反方向移动。

组数：1 组 10~30 次，反复 1~5 分钟。

注意：运动后若感到疼痛，应降低强度，或休息后再做。

## 舌头贴上腭，张开嘴巴

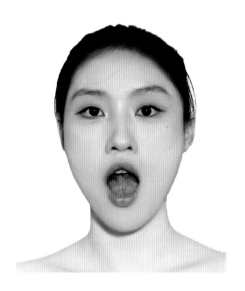

感觉歪斜的颞下颌关节并朝反方向移动，寻找平衡。

1  端正坐姿，腰部挺直。下巴放松，嘴巴张开约 3 指宽。若颞下颌关节向左歪斜，就用舌头抵住右侧上腭，接着尽可能将嘴巴张到最大。

2  用手扶住下巴，以便嘴巴能够更好地张开。轻轻摆动头部，向歪斜的反方向轻推下巴，在嘴巴张至最大的状态下维持 3~5 秒。

组数：反复 30 次。

注意：舌头要一直抵住上腭。

## 张开嘴巴后，再轻闭嘴巴

感觉歪斜的颞下颌关节并朝反方向移动，寻找平衡。

1 端正坐姿，腰部挺直。下巴放松，嘴巴张开约 3 指宽。根据颞下颌关节的歪斜方向，将舌头抵在相反方向的上腭，接着尽可能将嘴巴张到最大。

2 用手扶住下巴，让嘴巴能够更好地张开。轻轻摆动头部，向歪斜的反方向轻推下巴，在嘴巴张至最大的状态下维持 3~5 秒。

3 将嘴唇轻轻闭上，保持闭嘴 3~5 秒。

组数：反复 30 次。

注意：舌头要一直抵住上腭，包括闭嘴时。

## 一手支撑脸颊，另一手轻推下颌

调整歪斜的颞下颌关节，找到平衡。

1　端正坐姿，腰部挺直。下巴放松，嘴巴微微张开。一手食指、中指、无名指握住歪斜下巴的后方（耳朵下方），并将手掌放在下颌线上（注意食指不要放在下颌线下面）。另一手的手掌支撑脸颊。

2　像是要把手指抽出般，向反方向轻推下颌。推至无法再推动时，保持 3~5 秒。

组数：反复 10 次。

注意：看着镜子做，避免脸与脖子歪向一侧。运动后若感到疼痛，可降低强度，或者休息之后再做。

## 反方向推下颌

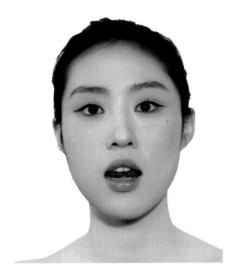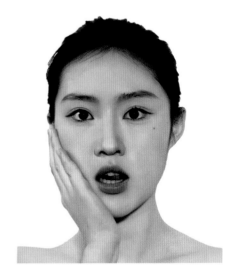

调整歪斜的颞下颌关节，找到平衡。

1　端正坐姿，腰背挺直。下巴放松，嘴巴张开约 3 指宽。根据颞下颌关节歪斜的方向，用舌头抵住对侧上腭，并将嘴巴张到最大。

2　将手放于歪斜的颞下颌关节上并向对侧轻推。同时，另一侧下颌用力支撑，推至无法再推动时，保持 3~5 秒。

组数：反复 30 次。

注意：注意舌头要一直抵住上腭。

## 握住下颌后方并向前推

将下巴由后向前移，矫正歪斜的下巴，使紧绷的颞下颌关节放松。

1　下巴放松，嘴巴张开约1指宽。弯曲手指，扣于歪斜下巴后方（耳朵下方）。手掌放在下颌线上。

2　用手指将歪斜的下巴向前轻移。

组数：反复10次。

## 轻扫下巴

矫正歪斜的下巴，找到平衡。

1 下巴放松，嘴巴张开约 1 指宽。弯曲第 2~5 指，放在歪斜的颞下颌关节上。轻轻按压颞下颌关节，感觉碰触到肌肉。

2 弯曲的手指以相同的力道滑向下巴，另一只手支撑脸颊，避免歪向一侧。

组数：反复 10~20 次。
注意：手指向下滑动时，绝对不能松手。

## 轻推颞下颌关节

使歪斜的颞下颌关节变得左右对称。

1 端正坐姿，腰背挺直。下巴放松，嘴巴张开约 1 指宽。一只手的手掌放于歪斜的颞下颌关节上。

2 将歪斜的颞下颌关节朝相反方向轻轻推，直到无法再推动时，维持该状态 3~5 秒。

组数：反复 10 次。

注意：运动后若感到疼痛，可降低强度，或者休息后再做。

## 舌头抵上腭，推颞下颌关节

使歪斜的颞下颌关节变得匀称。

1　端正坐姿，腰背挺直。下巴放松，嘴巴张开约 3 指宽。根据颞下颌关节歪斜的方向，用舌头抵住对侧上腭。一只手的手掌放于歪斜的颞下颌关节上。

2　先轻轻摆动头部，然后将歪斜的颞下颌关节朝相反的方向轻推，推至无法再推动时，保持该状态 3~5 秒。

组数：反复 10~30 次。

注意：运动后若感到疼痛，可降低强度，或者休息后再做。舌头要一直抵住上腭。

## 握拳轻推下巴

调整歪斜的颞下颌关节。

1　端正坐姿，腰背挺直。下巴放松，嘴巴微微张开。一只手握拳，放于歪斜的颞下颌关节上，轻轻按压，另一只手支撑脸颊。

2　将歪斜的颞下颌关节朝相反方向轻推，推至无法再推动时，保持该状态 3~5 秒。

组数：反复 10 次。

注意：避免脸与脖子歪向一侧。

## 舌头贴上腭，握拳推下巴

调整歪斜的颞下颌关节。

1 端正坐姿，腰背挺直。下巴放松，嘴巴张开。根据颞下颌关节歪斜的方向，以舌头抵住对侧上腭。握拳后，放于歪斜的颞下颌关节上，轻轻按压，另一只手支撑脸颊。

2 嘴巴再张大一些，将歪斜的颞下颌关节朝相反方向轻推，推至无法再推动时，保持该状态 3~5 秒。

组数：反复 10 次。
注意：避免脸与脖子歪向一侧。

## 轻推下颌，扭转头部

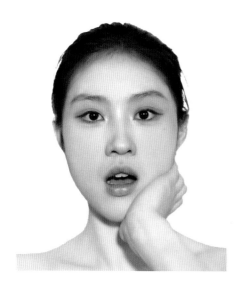

调整歪斜的颞下颌关节。

1　端正坐姿，腰背挺直。下巴放松。一只手的食指、中指、无名指握住歪斜下巴的后方（耳朵下方），手掌放于下颌线。

2　张嘴，轻轻摆动头部。像是要把手指抽出般，朝相反的方向轻推，同时头部与手对拉扭转，眼睛看向后方，保持 3~5 秒。

组数：反复 10 次。

注意：看着镜子做，避免脖子歪向一侧。运动后若感到疼痛，可降低强度，或者休息后再做。

## 轻推唇侧肌肉

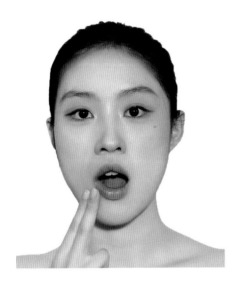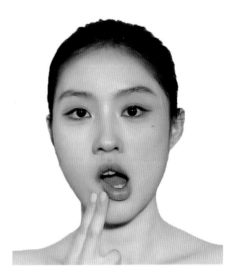

使跟着颞下颌关节歪斜的唇下肌肉变得匀称。

1 端正坐姿，腰背挺直。下巴放松，嘴巴张开。一只手的食指和中指轻轻按压歪斜侧的唇角附近。

2 轻轻摆动头部，将嘴唇向相反的方向轻推，推至无法再推动时，保持 3~5 秒。

组数：反复 10 次。

注意：运动后若感到疼痛，可降低强度，或者休息后再做。

# 特别下巴矫正运动（下颌前突矫正）

## 脖子挺直，手指推下巴

坚持做，能矫正下巴向前突出与头前倾（乌龟颈）。

1　端正坐姿，腰背挺直。下巴放松，嘴巴微微张开。一手的食指与中指放于下巴。

2　看着镜子，轻轻摆动头部，然后向后推下巴。同时注意脖子伸直，以使下巴能够向后缩。推至手指无法再向后推时，嘴巴张开约 1 指宽，再用稍强的力道推，保持 5 秒。

组数：1 组 10~30 次，反复 3 组。

注意：注意嘴巴不能闭上，脖子与肩膀不能向后弯。如果因为突然对下巴用力造成下巴或耳朵疼痛，可将强度减弱至 1/10~1/5 。如果疼痛仍不能消除，表示颞下颌关节磨损严重，应立即终止运动。

## 两手交叠，向后推下巴

坚持做，能矫正下巴向前突出与头前倾。

1  端正坐姿，腰背挺直。下巴放松，嘴巴微微张开。双手食指与中指交叠放于下巴。

2  看着镜子，轻轻摆动头部，向后推下巴。同时注意脖子伸直，以使下巴能够向后缩。推至手指无法再向后推时，保持 5 秒。

组数：1 组 10~30 次，反复 3 组。

注意：注意嘴巴不能闭上。脖子与肩膀不能向后弯。如果因为突然对下巴用力而引发下巴或耳朵疼痛，可将强度减弱至 1/10~1/5 。如果疼痛仍未消除，表示颞下颌关节磨损严重，应立即终止运动。

## 将嘴唇下方肌肉向下滑、下巴向后推

坚持做，能矫正下巴向前突出与头前倾。

1　端正坐姿，腰背挺直。下巴放松，嘴巴微微张开 1 指宽。第 2~5 指指腹轻轻按压于两侧嘴角。

2　看着镜子手指向下滑，并向后推下巴。注意脖子伸直，以使下巴能够向后缩。推至无法再向后推时，再用稍强的力道推，保持 5 秒。

组数：1 组 10~30 次，反复 3 组。

注意：注意嘴巴不能闭上，脖子与肩膀不能向后弯。如果因为突然对下巴用力而引发下巴或耳朵疼痛，可将强度减弱至 1/10~1/5 再做。如果疼痛仍未消除，表示颞下颌关节磨损严重，应立即终止运动。

## 头后仰，将嘴唇下方肌肉向下滑，下巴向后推

坚持做，能矫正下巴向前突出与头前倾。

1  端正坐姿，腰背挺直。下巴放松，嘴巴微微张开 1 指宽。第 2~5 指指腹轻轻按压于下颌。

2  看着镜子，手指向下滑，并向后推下巴，头后仰。脖子伸直，以使下巴能够向后缩。推至无法再向后推时，再用稍强的力道推，保持 5 秒。

组数：1 组 10~30 次，反复 3 组。

注意：注意嘴巴不能闭上，脖子与肩膀不能向后弯。如果因为突然对下巴用力而引发下巴或耳朵疼痛，此时可将强度减弱至 1/10~1/5 再做。如果疼痛仍未消除，就表示颞下颌关节磨损严重，应立即终止运动。

# 特别下巴矫正运动（突嘴矫正）

## 从耳下沿下颌线向前推

坚持做，能矫正突嘴。

1　端正坐姿，腰背挺直。下巴放松，嘴巴微微张开。双手食指与中指轻按于耳下的下颌线上。

2　看着镜子，将嘴巴再张大一些，先轻轻摆动头部，然后轻轻将下巴向前推。推至无法再推动时，嘴巴张开约1指宽，轻轻摆动头部，稍微加强向前推的力道，保持5秒。

组数：1组10~30次，反复3组。

注意：如果因为突然给下巴带来压力而引发下巴或耳朵疼痛，可将强度减弱至1/10~1/5。如果疼痛仍未消除，表示颞下颌关节磨损严重，应立即终止运动。

## 双手放在脖子两侧，向前推颞下颌关节

坚持做，能矫正突嘴。

1 端正坐姿，腰背挺直。下巴放松，嘴巴微微张开。双手食指、中指、无名指轻按于脖子两侧（扁桃体附近）。

2 看着镜子，嘴巴再张大一些，先轻轻摆动头部，然后手指轻轻向上推至下巴下方，头后仰。推至下巴无法再推动时，轻轻摆动头部，稍微加强向前推的力道，保持 5 秒。

组数：1 组 10~30 次，反复 3 组。

注意：如果因为突然给下巴带来压力而引发下巴或耳朵疼痛，可将强度减弱至 1/10~1/5。如果疼痛仍未消除，表示颞下颌关节磨损严重，应立即终止运动。

## 双手放在耳下，向前推颞下颌关节

坚持做，能矫正突嘴。

1　端正坐姿，腰背挺直。下巴放松，嘴巴微微张开。双手弯曲，放在耳下、下颌角处。

2　看着镜子，将嘴巴再张大一些。先轻轻摆动头部，然后脖子后仰，双手轻轻向前推颞下颌关节。推至无法再推动时，再次轻轻摆动头部，脖子进一步后仰，稍微加强向前推的力道，保持5秒。

组数：1 组 10~30 次，反复 3 组。

注意：如果因为突然给下巴带来压力而引发下巴或耳朵疼痛，可将强度减弱至 1/10~1/5。如果疼痛仍未消除，表示颞下颌关节磨损严重，应立即终止运动。

## 拇指按压下巴肌肉

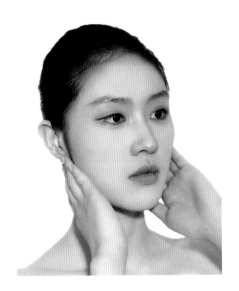 

坚持做，能矫正突嘴。

1 端正坐姿，腰背挺直。下巴放松，嘴巴微微张开。双手第 2~5 指放于下颌线，拇指放于下颌线下方。

2 看着镜子，嘴巴再张大一些，先轻轻摆动头部，然后拇指与其余手指握住颞下颌关节并将其向前推。推至无法再推动时，脖子略为后仰，稍微加强向前推的力道，保持 5 秒。将下颌下方分成 3 个部位，大拇指分别按压并进行相应前推动作。

组数：1 组 10~30 次，反复 3 组。

注意：注意下巴不要用力。如果因为突然给下巴带来压力而引发下巴或耳朵疼痛，可将强度减弱至 1/10~1/5。如果疼痛仍未消除，表示颞下颌关节磨损严重，应立即终止运动。

## 画圈按摩咬肌

改善面部血液循环，使咬肌感到舒畅。

1　端正坐姿，腰背挺直。下巴放松，嘴巴微微张开。双手第 2~5 指或第 2~4 指弯曲，轻按于咬肌。

2　将咬肌分成前、中、后 3 个部分，先轻轻摆动头部，然后分别用手指轻轻向下画圈按摩。

组数：1 组 10~30 次，反复 3 组。

注意：动作太快会导致矫正效果不佳。要有节奏地缓缓画圈。

## 握拳，从颧骨向咬肌滑动

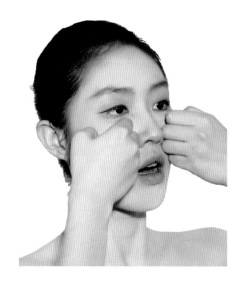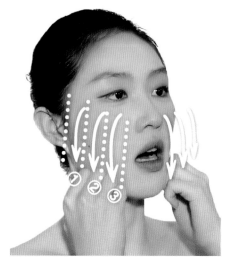

改善面部血液循环，使咬肌感到舒畅。

1 端正坐姿，腰背挺直。下巴放松，嘴巴微微张开。握拳，手指关节部分轻按于颧骨。

2 将颧骨从内至外分成3个部分，先轻轻摆动头部，然后分别以手指关节轻轻按压、向下滑动。

↘ 延伸动作：有节奏地缓缓画圈滑动。

组数：1组10~30次，反复3组。
注意：动作太快会导致矫正效果不佳。

第五章

颞下颌关节
功能紊乱矫正运动

### 颞下颌关节功能紊乱矫正运动与肌筋膜按摩

颞下颌关节功能紊乱矫正运动与肌筋膜按摩能够消除面部肌肉的紧绷，而且对因面部不对称所引起的下颌疼痛、头痛、脖子或肩膀疼痛，以及其他不舒服的症状，也都有明显的改善效果。同时，借由持续放松过度发达的下颌肌肉，能有效矫正反颌、突嘴与国字脸。

### 颞下颌关节功能紊乱矫正运动的效果

嘴巴无法正常张开与闭合导致的严重面部不对称、颞下颌关节功能紊乱所引发的下颌疼痛，大部分都是因为肌肉过度损伤或紧绷所致。同时，作为连接关节的第1颈椎和第2颈椎关节会朝顺时针或逆时针方向严重扭曲，支撑脖子与颅骨的颈部肌肉过度紧绷，会造成严重的头痛与面部疼痛。一些人的鼻子两侧与眼睛周围的鼻旁窦会堵塞，深受鼻窦炎与眼睛疼痛所带来的痛苦。

本章介绍的颞下颌关节功能紊乱矫正运动与肌筋膜按摩，能够消除面部肌肉的紧绷，而且对因面部不对称所引起的下颌疼痛、头痛、脖子或肩膀疼痛，以及其他不舒服的症状，也都有明显的改善效果。而且最大的好处，是能够增加血液循环，使气色变得更好。

前文有讲述、同样可用于本章的运动不再赘述，详见具体运动的"小贴士"。例如，第65页的"放松脸颊内侧肌肉"也是"消除关节杂音和疼痛的运动"。

### 为什么要放松嘴巴内的肌肉，才能消除"咔咔"声与疼痛？

若能彻底放松支撑颞下颌关节及位于口腔内部的翼状肌，就能改善口腔内肌肉不对称的状况，使神经与血管不再受到压迫，颞下颌关节功能紊乱也能得到有效的改善。借由本章介绍的运动，好好放松嘴巴内部的肌肉，矫正面部的不对称，向下颌疼痛说再见。同时，应避免大口咬东西的习惯，也要留意牙齿的清洁与健康。

### 关节杂音和颞下颌关节疼痛

当颞下颌关节错位、面部开始歪斜时，早期颞下颌关节会发出"咔咔"及"沙沙"的声音，这就是关节杂音。如果对此症状放任不管，颞下颌关节周围的肌肉与韧带就会变得僵硬，最后导致走行于下颌的神经受到压迫，每次移动嘴巴都会感到疼痛。严重时，嘴巴无法张开 1 指宽。本章所讲述的运动，不仅能够消除颞下颌关节的"咔咔"声，还能够放松紧绷的颞下颌关节周围的肌肉与韧带，使疼痛的症状得到好转。

　　如果是骨骼先天问题，或者颞下颌关节的软骨严重磨损引起的颞下颌关节不对称，很难依靠本章的运动来矫正。不过，对于初期的轻微反颌和突嘴症状，能够通过本章的运动获得显著的矫正效果。特别是对于因咀嚼肌过度发达所引起的国字脸，只要持续放松肌肉和进行矫正运动，效果自然看得见。

# 消除关节杂音和疼痛的运动

## 手指画圈按摩脸颊内侧

后侧　中间　前侧

放松口腔内肌肉，缓解下颌疼痛。

1　下巴放松，将嘴巴张开约 3 指宽。食指指腹放在脸颊与臼齿之间。当脸颊歪斜时，此部位会感到非常疼痛，因此一开始不要放入得太深。另一只手掌支撑脸颊。

2　把脸颊内侧由前向后分成 3 个部分，由上向下分别画圈按摩。

组数：反复 5~10 次，然后换另一侧做相同的动作。

注意：如果颞下颌关节内侧三叉神经严重受压，按摩此部位可能会更加疼痛。这表示状况很严重，需要将力道放轻来按摩。

## 轻按咬肌

放松颞下颌关节与咬肌，有效改善下颌疼痛。

1 端正坐姿，腰背挺直。下巴放松，嘴巴张开约 1 指宽 （或轻闭嘴巴）。一只手的拇指轻按于颞下颌关节附近的咬肌上。另一只手支撑脸颊。

2 把咬肌由上到下分成 5 个部分，每个部分轻按 5~10 秒。对于感觉较紧绷的颞下颌关节可以按压久一点。

注意：如果颞下颌关节内侧三叉神经严重受压，按摩此部位可能会更加疼痛。这表示状况很严重，需要将力道放轻来按摩。

## 纵向画圈按摩咬肌

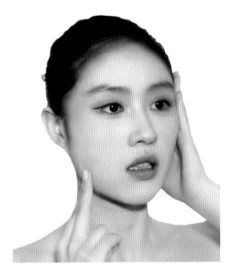

放松颞下颌关节与咬肌，有效改善下颌疼痛。

1 端正坐姿，腰背挺直。下巴放松，嘴巴张开约 2 指宽。一只手的食指与中指轻按于耳朵旁颞下颌关节附近的咬肌上。另一只手支撑脸颊。

2 先轻轻摆动头部，然后自上而下画圈按摩咬肌。对于感觉较紧绷的颞下颌关节可以按压久一点。

组数：重复 5 分钟。

注意：如果颞下颌关节内侧三叉神经严重受压，按摩此部位可能会更加疼痛。这表示状况很严重，需要将力道放轻来按摩。

## 横向画圈按摩咬肌

舒缓颞下颌关节与咬肌，有效改善下巴疼痛。

1　端正坐姿，腰背挺直。下巴放松，将嘴巴张开约 1 指宽（或轻闭嘴巴）。一只手的食指、中指、无名指轻按于耳旁颞下颌关节附近，另一只手支撑脸颊。

2　把咬肌分成 5 个部分，每个部分画圈 5~10 秒。对于感觉较紧绷的颞下颌关节可以画圈久一点。

组数：重复 10 次。

注意：避免脸与脖子歪向一侧。如果颞下颌关节内侧三叉神经严重受压，按摩此部位可能会更加疼痛。这表示状况很严重，需要将力道放轻来按摩。

## 轻扫下巴

矫正歪向一侧的下颌线，使下颌线左右匀称。

1 下巴放松，嘴巴张开约 1 指宽。一只手轻轻按压于耳旁颞下颌关节附近，另一只手支撑脸颊。

2 从上向下缓缓按压滑动，中途绝对不能松手。对于感觉较紧绷的颞下颌关节可以按压久一点。

组数：重复 10 次。

注意：避免脸与脖子歪向一侧。如果颞下颌关节内侧三叉神经严重受压，按摩此部位可能会更加疼痛。这表示状况很严重，需要将力道放轻来按摩。

## 握拳，滑动按压颞肌和颞下颌关节

矫正左右不对称的颞肌与颞下颌关节。

1 下巴放松，嘴巴张开约 1 指宽 （或轻闭嘴巴）。握拳，轻轻按压于歪斜侧的颞肌与颞下颌关节，另一只手掌支撑脸颊。

2 轻轻地按压，感觉碰到肌肉。先用较轻的力道按压颞肌，接着用较强的力道按压咬肌。

组数：重复 10 次。

注意：可以使用手指关节轻轻向下滑，给予更强烈的刺激。如果颞下颌关节内侧三叉神经严重受压，按摩此部位可能会更加疼痛。这表示状况很严重，需要将力道放轻来按摩。

# 改善鼻炎、眼皮跳动和面部潮红的运动

本部分运动前文已有讲述，在此不再赘述。

① 滑动手指，轻按额头：见第 43 页。

② 滑动手指，轻按眼下：见第 45 页。

③ 扫平法令纹：见第 46 页。

④ 滑动手指，轻按鼻旁：见第 47 页。

⑤ 手指向下滑，按摩颧骨侧面：见第 85 页。

⑥ 握拳轻扫颧骨：见第 87 页。

# 改善头痛、颈部和肩膀疼痛的运动

## 额头两侧画圈

改善面部血液循环，使额头感到轻松。

1 端正坐姿，腰背挺直。下巴放松，嘴巴张开约 1 指宽（或轻闭嘴巴），双手的食指与中指轻按于眉毛头端上方。

2 将额头分成 5 个部分，分别自内而外画圈按摩。

组数：1 次 5~10 秒，反复 1~5 分钟。

注意：画圈速度太快会导致矫正效果不佳。中间手不要放下，以相同的力道画圈到最后。

## 拇指按压后脑勺

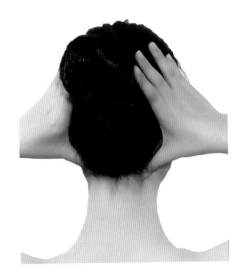

放松后脑勺与脖子交界处的僵硬肌肉，使头部感到舒畅。

1 端正坐姿，腰背挺直。张开双手，拇指按压于脖子与后脑勺（枕骨）交界处。

2 脖子缓缓向后仰，同时按压得更深。把后颈分成 7 个部分，每个部分宽 0.5~1 cm，分别用拇指朝耳朵方向按压这 7 个部分。

组数：1 次 5 秒，反复 10 次。

注意：中间不要松手，以相同的力道按压到最后。

166

## 握拳，从头顶按压滑动至咬肌

使左右不对称的颞骨变得对称。

1 下巴放松，嘴巴张开约 1 指宽（或轻闭嘴巴）。一只手握拳放于头顶，另一只手掌支撑脸颊。

2 用拳头按压向下滑动。注意，要以相同的力道滑至咬肌。

组数：反复 10 次。

注意：避免脸与脖子歪向一侧。可以使用手指关节轻轻向下滑，以给予更强烈的刺激。

## 手掌侧面按压颈部

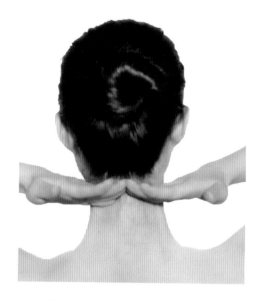

放松后颈如石块般的肌肉，改善血液循环。

1 下巴放松，嘴巴张开约 1 指宽。双手手掌伸展，将手掌外缘放于脑袋后方（后脑勺）与颈部交界处，轻轻按压颈部肌肉。

2 先轻轻摆动头部，然后以相同的力道缓缓地按压滑动至颈部与肩膀交界处。

组数：1 次 5~10 秒，反复 1~5 分钟。

注意：中间不要松手，以相同的力道按压到最后。

## 拇指侧面按压颈部

放松后颈如石块般的肌肉，改善血液循环。

1 下巴放松，嘴巴张开约 1 指宽。双手拇指伸直，侧面放于脑袋后方（后脑勺）与颈部交界处，轻轻按压颈部肌肉。

2 先轻轻摆动头部，然后以相同的力道轻轻地按压滑动至颈部与肩膀交界处。

组数：1 次 5~10 秒，反复 1~5 分钟。
注意：中间不要松手，以相同的力道按压到最后。

## 拇指侧面按压颈部侧面

使颈部侧面如石块般的肌肉变得柔软而放松。

1 下巴放松，嘴巴张开约 1 指宽。伸开拇指，拇指侧面放于对侧面部与颈部交界处，轻轻按压颈部侧面肌肉。

2 先轻轻摆动头部，然后以相同的力道轻轻地按压滑动至颈部与肩膀交界处。

组数：1 次 5~10 秒，反复 1~5 分钟。然后换另一侧做相同的动作。

注意：中间不要松手，以相同的力道按压到最后。

## 手掌按压额头，脖子 45°后伸

放松后颈如石块般的肌肉，改善血液循环。

1 下巴放松，嘴巴张开约 1 指宽。一只手放于脑袋后方（后脑勺）与颈部交界处，另一只手手掌放于额头，轻轻将头向后推。

2 先轻轻摆动头部，脖子后仰 45°。把颈部分成 7 个部分，每个部分宽 0.5~1 cm。从第一部分开始，每次后仰更换一个部分按压。

> 组数：1 次 5~10 秒，反复 1~5 分钟。然后换另一侧做相同的动作。
>
> 小贴士：本运动还可用于矫正头前倾（乌龟颈）。

## 手掌侧面按压，打造"C"字颈

矫正变形的一字颈，恢复正常"C"字颈。

1 端正坐姿，腰背挺直。单手手掌伸展，手掌外缘放于脑袋后方（后脑勺）与颈部交界处。手掌伸直，避免弯曲。

2 把颈部自上而下分成 7 个部分，每一部分宽 0.5~1 cm。先轻轻摆动头部，脖子缓缓向后仰，保持 3~5 秒，脖子回到原位。手掌外缘移至第二部分并重复刚才的动作。7 个部分全部按压结束后，换另一侧做相同动作。

注意：眼睛越向后看，脖子就向后仰得越多。

小贴士：本运动还可用于矫正头前倾（乌龟颈）。

## 中指按压，打造"C"字颈

放松颈后僵硬的肌肉，矫正变形的颈椎，恢复正常"C"字颈。

1 端正坐姿，腰背挺直。双手中指放于脑袋后方（后脑勺）与颈部交界处。

2 把颈部自上而下分成 7 个部分，每一部分宽 0.5~1 cm。

3 先轻轻摆动头部，脖子缓缓向后仰至最大限度。中指指腹向前按压 3~5 秒，脖子回到原位。中指移至第二部分并重复刚才的动作。依次按压颈部的 7 个部分。

组数：反复 10 次。

注意：眼睛越向后看，脖子就向后仰得越多。两手中指应尽可能地向前按压。

小贴士：本运动还可用于矫正头前倾（乌龟颈）。

前文已有讲述的运动，未在此赘述。

① 按摩头颈部：见第 52 页。

② 颈椎两侧画圈：见第 66 页。

③ 脖子后仰，揉捏后颈：见第 67 页。

④ 揉捏脖子与肩膀：见第 68 页。

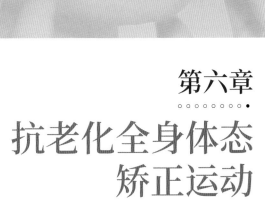

第六章
· · · · · · · · ·•

抗老化全身体态
矫正运动

## 放任歪斜的面部不管，会造成全身不对称

一般讲到面部不对称造成下巴出现问题时，大部分人会觉得只是变得不好看，或者因下颌疼痛导致嘴巴无法张开，但是问题可没那么简单。

颞下颌关节同身体其他关节一样，它的结构包括软骨、韧带、肌肉等，只要其中一个结构出现问题，就会压迫神经与血管。这不仅会造成各种异常症状，还会造成面部不对称、颞下颌关节功能紊乱，使面部变得歪斜。

下颌的异常状况包括张开或闭上嘴巴时出现"咔咔"声，有的人太阳穴会感觉疼痛。当面部不对称变严重时，咀嚼食物或者说话等需要张开嘴巴的动作都有困难。有人甚至嘴巴无法张开 1~2 mm，或者连汤匙都无法放进嘴巴里。放任面部不对称不管，问题只会变得更严重。面部严重歪斜，嘴巴无法正常张开，会对社交活动造成很大的影响。最重要的是，面部不对称不仅会对下颌造成影响，还会对全身结构（脊柱、骨盆）造成影响。

面部歪斜的人，同时也会有一字颈、脊柱侧弯、骨盆不对称、长短腿、高低肩等全身部位不对称的情况。

原因就在于下颌周围的韧带与肌肉附近，分布着脑神经与血管，下颌歪斜，这些神经、血管、韧带、肌肉都会受到牵拉或压迫，间接对全身造成不良影响。

因此，不仅要重视与面部不对称相关的颞下颌关节功能紊乱、咬合不正等问题，更要重视全身不对称。我在工作中看到很多人在矫正下颌、咬合不正之后，下颌会再度歪斜，或者症状很难改善，这些都有可能是忽略全身不对称的结果。

在发现面部不对称之后，必须先确认身体不对称的状态，找出身体其他已严重扭曲的部位并同时进行矫正。重要的是，在下颌出现问题之前，就要培养正确的姿势与习惯。

有许多人因为平时的错误习惯出现了高低肩或肩膀向内弯曲（圆肩），这些需要一起矫正，才能帮助歪斜面部变得匀称，改善效果更显著。

# 因面部不对称引起的全身不均衡

为什么一旦面部歪斜，脊柱、骨盆也会跟着扭曲变形呢？大部分面部歪斜的人，都有头前倾、高低肩、脊柱不对称等全身左右不均衡的问题。只矫正面部，很难根本性地防止复发，其原因如下。

正如前面所说的，颅骨并不是一体成型的。也就是说，脑颅骨与面颅骨并不是一块完整的骨骼，而是由多块骨骼构成的。构成脑颅骨的 8 块骨骼与构成面颅骨的 15 块骨骼如同齿轮般紧密连接，它们构成了颅腔，这是在矫正面部不对称时所必须知道的重要解剖学知识。

正因为脑颅骨和面颅骨这种牵一发而动全身的构造，造成了一旦面部出现歪斜，身体其他部位也会出现歪斜。反之，身体其他部位的歪斜和不对称，也会反过来影响面部。

大部分人认为，面部歪斜接受下颌手术即可。其实不然，如果不进行全身矫正，即使接受面部矫正手术，也有可能面临术后复发的窘境。

因此，面部歪斜不能只对面部进行矫正，还需要对全身进行评估，并矫正不对称的部位。

如何才能知道自己是否存在身体不对称呢？方法很简单。我们只需要观察，我们穿着的裙子是否会歪向一侧，是否只有一只鞋子容易磨损，裤子是否穿起来一长一短。

除了这些日常观察，读者还可以根据下文判断自己的身体是否存在不对称。

# 全身不对称与身体异常症状列表

通过全身不对称体型的特征，来诊断自己的体型吧。

扭曲的身体
（脊柱侧弯体型）

» 颞下颌关节不对称：面部向某
一侧歪斜。

» 弯曲的脖子：脖子歪向某一侧。

» 不对称的肩膀：肩膀一高一低。

» 肩膀骨骼突出：某一侧的肩膀
骨骼突出。

» 弯曲的背：背歪向某一处。

» 肋下凹陷：某一侧的肋下部位
陷下去。

» 骨盆高低不对称：臀线一高一
低。

正常身体　　　　扭曲的身体

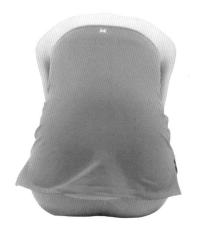

正常身体

歪斜的身体

歪斜的身体

上半身弯下时（前弯时），一侧肋骨突出。这是由于原本应呈"I"字形的脊柱扭曲成了"S"形。

» 歪斜的背：某一侧的背更突出。

» 歪斜的手臂：某一侧的手肘较为歪斜。

» 歪斜的胸部：某一侧的胸部更突出。

» 歪斜的肋骨：某一侧的肋骨更突出。

## 弯曲的身体

由于头前倾、驼背（虾形背）、弯曲的姿势（脊柱弯曲体型）导致出现赘肉，身体失去弹性。

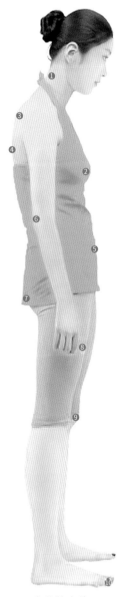

弯曲的身体

❶
» 头前倾（脖子向前突出）。
» 颈纹。
» 颈后赘肉。

❷
» 胸部下垂、失去弹性。
» 胸部小。

❸
» 弯曲的肩膀（向前缩的肩关节）。
» 窄肩。
» 肩膀赘肉（包含腋下部位）。

❹
» 驼背（向后弯曲的背）。
» 背部赘肉（中心轴下垂的背部）。

❺
» 腹部赘肉。
» 肋下赘肉。
» 腰部赘肉（三层肉）。
» 下腹突出（啤酒肚、腰椎前凸体型）。

❻
» 弯曲的手肘（左右手肘弯曲）。
» 上臂赘肉。

❼
» 臀部下垂（骨盆外扩、向后下垂，骨盆后倾体型）。
» 臀部赘肉（臀部下垂）。

❽
» 大腿内侧向前突出。
» 大腿内侧赘肉（包含橘皮组织、下肢静脉瘤）。

❾
» 膝盖下垂。
» 腿向后弯（膝盖过度伸展）。

❿
» 脚部扭曲（蹬外翻：蹬趾弯曲、脚后跟角质）。
» 身高"缩水"。

**各部位身体异常症状**

① 全身肌肉疼痛。

② 慢性疲劳、有气无力。

③ 头痛（特别是偏头痛）。

④ 眼睛疲劳、干涩。

⑤ 鼻窦炎、用嘴巴呼吸（因鼻梁歪曲引起鼻塞）。

⑥ 下颌疼痛（移动下颌时会疼痛）。

⑦ 耳鸣（耳朵出现"嗡嗡""哔哔"声）。

⑧ 脖子疼痛（脖子感到刺痛或脖子突然无法转动）、脖子酸痛（脖子后方肌肉如石头般坚硬）。

⑨ 五十肩（耸肩时突然感到吃力、肩膀无法转动）、肩膀疼痛（肩膀感到刺痛）。

⑩ 背痛。

⑪ 腰部、骨盆疼痛（腿发麻）。

⑫ 手脚发麻、冰冷、水肿（上、下半身浮肿）。

⑬ 膝盖疼痛（关节炎等）。

**无特别异常症状，但脏器感到不适**

① 胸部酸痛（大部分没有特别异常症状）。

② 肋下酸痛（特别是右侧）。

③ 消化不良（胃胀气、胃痛等）。

④ 生理期腹痛和生理期异常（宫寒的缘故）。

⑤ 不孕（宫寒的缘故）。

⑥ 便秘（宫寒的缘故）。

# 使面部变歪斜的错误姿势

不经意的生活小习惯，长时间累积下来会造成面颅骨逐渐扭曲。仔细看老年人的脸，可以得知他们不仅存在左右颞下颌关节不对称，还可能存在眼睛、脖子、嘴巴不对称，以及头前倾、驼背、脊柱侧弯、长短腿、X形腿、O形腿等。

年轻时，特别是 10~30 岁时的错误姿势与习惯，不仅会造成面部歪斜，而且会影响老年时的身体状态和行动力。因此，我想在此特别叮嘱大家，现在就开始培养正确的姿势习惯。

### 导致颞下颌关节不对称的不良姿势

① 用同一侧来咀嚼食物。

② 长时间咬坚硬有嚼劲的食物。

③ 用同一侧咬坚硬有嚼劲的食物（严重时可引发颞下颌关节功能紊乱、国字脸、下巴歪斜）。

④ 张大嘴巴，放入苹果等大块食物（颞下颌关节脱落，引发下颌脱位）。

⑤ 用单手托下巴。

⑥ 用双手托下巴。

⑦ 一侧脸趴在书桌上。

⑧ 仅用下巴侧面靠在书桌上睡觉。

⑨ 放任不好的习惯不管。

---

不好的习惯：

» 咬紧牙关的习惯　　» 习惯性磨牙　　» 习惯性噘嘴

» 持续咬单侧嘴唇　　» 下巴向左右扭动的习惯

---

**导致头前倾的不良习惯**

① 脖子向前伸，以微驼姿势看手机或电脑（严重时，除引发下巴紧绷，也会引发一字颈、头前倾）。

② 长时间低头看手机、书。

③ 用单侧耳朵及肩膀夹着电话。

④ 用同一侧肩膀背包。

⑤ 将文书置于电脑屏幕某侧来打字（应放于正前方或左右侧轮流放）。

⑥ 跷二郎腿（导致全身歪斜）。

**导致全身不对称的不良姿势**

**坐姿**

① 跷二郎腿。

② 身体倚靠一侧扶手坐。

③ 屁股在前、身体向后斜靠着坐。

④ 以屁股在前、身体向后倾斜、跷二郎腿并靠在扶手上的姿势低头看手机（严重时可导致下颌、脊柱、骨盆均歪斜，若正值生长期则会长不高）。

**站姿**

① 以单脚为重心站立。

② 穿高跟鞋、用同一侧肩膀背包；低头看手机的同时，身体歪向一侧。

**卧姿**

① 睡觉时使用太高的枕头，或者完全不用枕头。

② 侧睡。

③ 侧睡时，将手臂枕于耳下（严重时可导致下颌、脊柱、骨盆均歪斜，若正值生长期则会长不高）。

④ 趴着睡，下巴向一侧扭转（严重时可导致下颌、脊柱、骨盆均歪斜，若正值生长期则会长不高）。

## 关于正确姿势，我想告诉大家的是……

由于职业的缘故，我每天都会看到各种面部严重歪斜、全身不对称体型的人，因此我总会习惯性地向周围的人们唠叨，要他们培养正确姿势的习惯。通过此书，也想再次向大家强调正确姿势的重要性。正确的姿势，就如禁烟、低盐饮食、食用有机食品一样，是现代人为了健康与长寿所必需的生活要素，平时就该将它习惯化。应该想办法习惯正确的姿势，防止作为身体支柱的脊柱与骨盆扭曲，压迫神经，并确保面部的匀称。这样做，有助于拥有健康的全身关节。

### 改变只用右脚与右手的习惯

我们要均衡使用身体的左右侧，才能使脊柱与骨盆的骨骼变得对称。特别是要平均使用左右侧肌肉与骨骼，这样左右侧的脑神经才会均衡地向身体传达信息，让骨骼均衡发展。

只使用一侧的关节，骨盆、脊柱等身体骨骼就会朝向该侧歪斜，颞下颌关节与面部也是如此。这种单方向使用身体部位称为"偏侧姿势习惯"。

最具代表性的，就是运动领域里的速度滑冰、短道速滑、棒球、芭蕾等靠单方向移动或经常使用某一身体部位的运动员们。这些人会经常性伤到腰部、膝盖，颞下颌关节、脊柱、骨盆歪斜也很常见。

在看这些选手接受电视访问时，会发现他们左右眼睛高度，鼻梁、嘴角、肩膀和背部高度，以及走路姿势都非常不对称。因此，在此告诉大家，注意以下偏侧姿势习惯。

### 最具代表性的偏侧姿势习惯

① 习惯用同一侧咀嚼。

② 跷二郎腿时习惯跷同一条腿。

③ 习惯用同一侧肩膀背包。

④ 习惯以单脚支撑站立。

⑤ 习惯身体歪斜着靠墙站立。

⑥ 习惯侧睡，且固定转向同一侧。

以下是矫正全身体态的颈部、肩膀和背部运动。对于前文已经讲述过的运动，在此不再赘述，详见具体运动的"小贴士"。

# 改善头前倾（乌龟颈）的体态矫正运动

## 头向后仰

刺激颈前部肌肉，抚平下垂的颈纹，并矫正头前倾。

1 保持脊柱中心平衡，挺直站立。双手合并，拇指放于下巴下方。

2 抬起下巴，头向后仰，同时尽可能让视线看向后方。保持5秒，恢复原状。

→ 延伸动作：分别向左、右侧扭转45°，以相同的方式做头向后仰。

组数：1组10次，反复2组（共20次）。

前文已有讲述的运动，未在此赘述。

① 脖子后仰，揉捏后颈：见第 67 页。

② 手掌按压额头，脖子 45° 后伸：见第 171 页。

③ 手掌侧面按压，打造 "C" 字颈：见第 172 页。

④ 中指按压，打造 "C" 字颈：见第 173 页。

# 改善驼背的体态矫正运动

## 扶墙前弯

舒缓腰椎，打造平顺曲线，因体态矫正而增高。

1 双脚分开与肩同宽，站好后，双手按压在墙壁上。

2 尽可能向前弯腰，视线落于腹部。尽可能让腰部向后突出。保持背部突出的状态 5 秒。

组数：1 组 10 次，反复 2 组（共 20 次）。

注意：恢复原状时，腰部向下压，脖子向后仰。

## 扶墙伸展胸肌

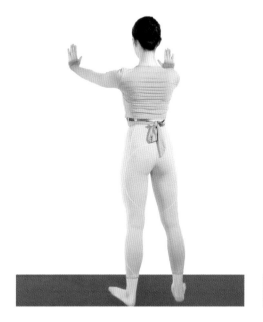

舒张胸部前侧，提升肺活量。

1　双脚分开与肩同宽，挺直站立，双手按压在墙壁。

2　胸部与上半身向前贴近墙壁，尽可能让脖子向后仰，同时眼睛也尽可能往上看。

组数：1 组 10 次，反复 2 组（共 20 次）。

注意：眼睛越向后看，脖子就向后仰得越多。

## 90°屈臂，头后仰

 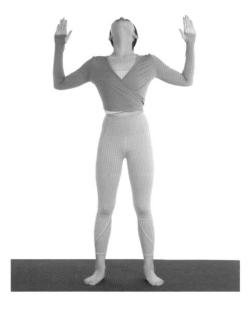

拉伸前胸。

1 双脚分开与肩同宽，挺直站立。手臂举至肩膀的高度，屈曲 90°。

2 肩膀放松，夹背，手臂向后展至最大限度，头也尽可能向后仰。

组数：1 组 10 次，反复 2 组（共 20 次）。

注意：注意脖子不能前倾。

## 手臂侧平举、后展，头后仰

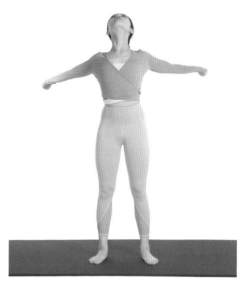

拉伸胸部肌肉。

1　双脚分开与肩同宽，挺直站立。手臂与肩同高，向两侧水平打开。双手握拳，拳心朝上。

2　手臂向后展至最大限度，头也尽可能向后仰。

组数：1组10次，反复2组（共20次）。
注意：注意脖子不能前倾。

# 改善高低肩的体态矫正运动

## 双手放于颈后，头后仰

舒展紧绷的脖子与肩膀。

1　双脚分开与肩同宽，挺直站立。打开双臂之后，将双手放于颈后。

2　尽可能依靠双手肘带动双臂后展，头后仰。

组数：1组10次，反复2组（共20次）。

## 放松肩膀

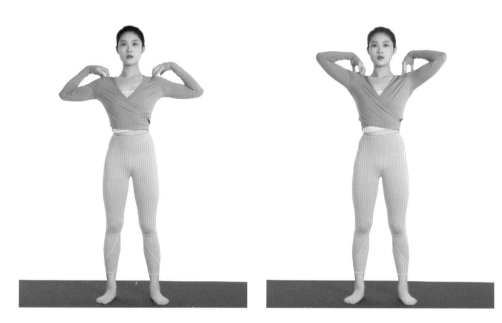

放松因乌龟颈而僵直的肩膀肌肉，舒展肩关节。

1　双脚分开与肩同宽，挺直站立。双臂弯曲，双手放在肩膀上。

2　双臂在肩关节处向外画圆 10 次，然后向内画圆 10 次，此为 1 组。

组数：反复 2 组（共 40 次）。

注意：两侧肩膀要有力地转动。

## 单侧拉伸

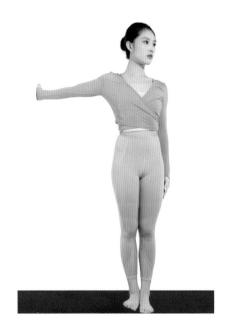

舒展僵硬的肩膀，让肩膀变得轻松。

1 双脚分开与肩同宽，挺直站立。尽可能地伸展一侧手臂，手掌按压在墙壁上。

2 身体与手臂成90度。扭转身体，保持此姿势5秒，然后换另一侧做相同的动作。

组数：1组10次，反复2组（共20次）。

注意：视线看向正前方。

## 内收拉伸肩部

放松紧绷的肩膀、背部与扭曲的脊柱肌肉。

1 双脚分开与肩同宽，挺直站立。右臂向对侧伸直、与肩同高，左臂屈曲90°。右臂放在左肘内，两者垂直。

2 左臂向左侧拉右臂，身体跟着向左扭转。保持5秒，然后交换手臂做相同的动作。

↘ 延伸动作：也可以抓住手臂向一侧拉伸。

---

组数：1组10次，反复2组（共20次）。

---

## 手肘后折拉伸

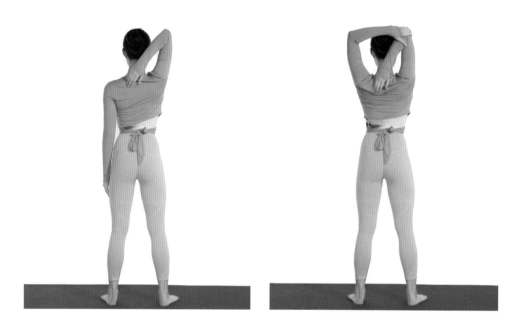

舒展紧绷的肩膀、肋下与手臂后方肌肉。

1 站立时，保持脊柱中心的平衡。右臂抬高，向后弯曲，放于脖子后方，左手抓住右手肘。

2 用左手轻轻向下拉右手肘，保持 5 秒，然后另一侧做相同的动作。

组数：1 组 10 次，反复 2 组（共 20 次）。

注意：必须感觉到手臂后方肌肉、肩膀、肩胛骨部位舒展开来。

# 脊柱体态矫正运动

## 侧弯拉伸脊柱

改善驼背，使身高变高，伸展紧绷的背部肌肉。

1　双脚分开与肩同宽，挺直站立。双手合掌，两侧手臂贴在耳旁。

2　向一侧侧弯，尽可能让另一侧脊柱与背部肌肉伸展，保持5~10秒，然后向另一侧侧弯。

组数：1组10次，反复2组（共20次）。

197

## 前弯拉伸脊柱

放松紧绷的肩膀与肩胛骨，矫正圆肩。

1 双脚与肩同宽，挺直站立。两手十指紧扣，放于身后。

2 放松手臂与头部，上半身向前弯。在上半身弯曲时，手臂扭转向上拉，保持 5 秒，然后恢复原状。

组数：1 组 10 次，反复 2 组（共 20 次）。

注意：两手尽可能扭转向上拉，这样伸展效果会更好。

## 侧方 45°拉伸脊柱

舒展紧绷的背部，矫正歪斜的脊柱。

1  双脚分开与肩同宽，挺直站立。双手合掌，手臂上举。

2  上半身朝向侧方 45°弯曲，保持 5 秒，然后恢复原状。换另一侧做相同的动作。

组数：1 组 10 次，反复 2 组（共 20 次）。

注意：手臂与肩膀水平，膝盖不要弯曲。上半身向右侧弯曲时，可以感觉到左侧竖脊肌的拉伸。

## 跪姿扭转

拉伸背部肌肉。

1　上半身挺直，跪在垫子上。左手放在垫子上，右臂举高，拉长脊柱。

2　身体向左侧扭转，将右手覆盖于左手上，头部跟着向下转。臀部向右移，尽可能拉长脊柱。保持5秒，然后恢复原状。换另一侧做相同的动作。

组数：1组10次，反复2组（共20次）。

# 骨盆体态矫正运动

## 鸽式拉伸

拉伸弓腿侧骨盆与髋关节，打造翘臀。

1 俯卧，一条腿向前屈曲，另一条腿向后伸直。

2 上半身往前弯，使胸部贴地后，肌肉放松。换另一侧腿做相同的动作。

## 双手抓脚，上半身前弯

放松紧绷的骨盆，使松弛的骨盆紧缩。

1 脊柱挺直坐好，双脚脚掌相对。双手抓住双脚。

2 深呼吸，同时放松整个身体。上半身向前弯，保持5秒，然后恢复原状。

组数：1组10次，反复3组（共30次）。

注意：上半身尽可能向下趴，让两侧手肘能够碰到地面。会有臀部紧缩的感觉。

## 脊柱扭转

矫正歪斜的骨盆，使歪斜的腰部线条变得对称。

1 打开双臂，与身体成 90°。抬起右脚，右膝弯曲 90°。

2 尽可能让右脚越过左侧，视线转至右侧。左手按住右膝，在身体扭转至最大限度时保持 5 秒，然后换另一侧做相同的动作。

组数：1 组 10 次，反复 2 组（共 20 次）。

注意：肩膀必须平贴地面。感到吃力的一侧可以做 20 次，另一侧做 10 次。

## 坐姿扭转

拉伸僵硬的骨盆与髋关节，舒展骨盆。

1 脊柱挺直坐好。左腿伸直，右腿弯曲，跨过左腿，放于左膝旁。

2 右手撑地，左肘放在右膝上。身体向右侧扭转，左肘向左侧轻推右膝。尽可能让身体在扭转状态下保持 5 秒，然后换另一侧做相同的动作。

组数：1 组 10 次，反复 2 组（共 20 次）。

注意：扭转时，感到吃力的一侧可以做 20 次，另一侧做 10 次。

前文已有讲述的运动，未在此赘述。

① 颈部 45° 拉伸：见第 69 页。

② 侧颈伸展：见第 70 页。

# 结语

―――――

"诗妍啊！不要托下巴！腰挺直，姿势要正确。"

"来猜猜看这里有谁是驼背坐着的外星人（这是我和女儿之间用来称呼那些驼背的人的暗号）。"

不管去到哪里，我都会和 10 岁的女儿玩正确姿势的游戏。我想，可能从孩子能听得懂话的时候，就开始玩这个游戏了。不只是韩国，说不定在全世界的爸爸中，我可能是第一个也是唯一一个和孩子玩这种游戏的呢。

"有谁驼背呀？为什么驼背不好呢？"

每当我这样问时，诗妍就会回答相同的答案："因为会长不高，身体会歪掉。"

"没错！你知道为什么你是班上最高的人吗？"

"因为我姿势很正确！"

当然了，孩子之所以能成为全校中身高拔尖的一员，最重要的是因为妈妈很积极地让她吃健康的食物。不过，太太也认可，我从孩子小时候就很用心让她了解到正确姿势的重要性，对于孩子的体型和身高也带来了很大的影响。

不管是在学校、家里或是补习班，我都会让孩子挺直坐好、正视前方、走路挺胸，而且也没有买到处可见的智能手机给孩子。这是因为我知道不良姿势会造成身体的支柱——脊柱歪斜，也会使骨盆歪斜。因此，我刻意从正确姿势中找出乐趣，用游戏的方式和孩子玩，就是为了让她了解正确姿势的重要性。而我也打算在孩子过了青春期直到生长板（骺板）闭合的韩国国中2~3年级，都持续和她玩这样的游戏。

在写第五本有关体型矫正运动的书时，我遇见了非常多的人。韩国各地的人、海外侨胞、外国人（特别是中国人）等都亲自找我来做检查与咨询。而我告诉大家的都是15年来我替人们矫正体型所实际体验到的事。

经常做研究、逐渐熟悉临床的我相信一件事——任何事情都必须亲身体验实际操作。不管其他专家怎么说，我都会在接触过实际案例之后才拿出来讲。现在不是全球同步沟通的时代吗？我带着"我所体验的事情，可以传达到距离韩国遥远的巴西、智利"的认知，致力于传达我自己的经验。

总结来说，正如先前所说明的，我的女儿是学校里身高拔尖的一员，腿很直，姿势也很正确。虽然每位父母都会认为自己的孩子比别人的孩子漂亮，不过我有自信，她的体型比任何人都端正。我认为对于韩国所有处于生长板打开时期的孩子来说，为了正常发育，平时养成姿势正确的习惯是相当重要的。特别是近年来，父母为了能让孩子进入一流大学，让孩子从早到晚坐在书桌前面，过度使用脊柱与骨盆等与姿势有关的结构，这件事是很严重的。当不良姿势导致处于成长期的全身骨骼变得扭曲，长期下来不仅会使体型不对称，还会恶化为面部不对称与颞下颌关节功能紊乱，长大成人之后也很难健康地生活。

不管是人的身体结构，或是不会动的物体，想要长久使用，都必须有健康的骨骼或者平衡的构造。好好地环视一下周围吧，歪掉的东西能够支撑多久呢？

想想看，为什么看起来很正常的新车会突然出现故障呢？可能是因为构造倾斜，零件无法确实接合所导致的。

自从孩子开始走路那一刻起，为了不让孩子的脊柱与骨盆歪斜，爸爸和妈妈要让孩子了解姿势正确的重要性，这样就能减少浪费不必要的时间与金钱。不要因为孩子哭闹，就让刚满一岁的婴儿握着手机，这会影响他的身体与心灵。尤其是为了避免颞下颌关节歪斜，绝对不要让小孩子碰手机。有许多学生从幼儿园开始就因为脊柱扭曲、骨盆歪斜的难看体型而烦恼。我看到很多人为此耗费金钱、时间，不管是精神上或物质上都受到很多损失，实在感到很遗憾。

我想再次叮嘱大家，希望大家能尝试在家里做正确姿势的游戏。它能如同魔法般为孩子打造出"匀称的体型"，这也是父母能够送给孩子的最棒的礼物。希望阅读本书的读者们能够拥有匀称的面部，并且变得更积极、更幸福。我带着迫切的渴望，将此书献给所有养育子女的父母。

*Scott Huang—D.C*